请给我结果

姜汝祥◎著

百万册升级版

中信出版集团 · CHINACITICPRESS · 北京

图书在版编目（CIP）数据

请给我结果 / 姜汝祥著 . —3 版 . 北京：中信出版社，2015.5（2026.1 重印）
ISBN 978–7–5086–5078–4
I. 请… II. 姜… III. 企业管理 – 人事管理 IV. F272.92
中国版本图书馆 CIP 数据核字（2015）第 060250 号

请给我结果

著　　者：姜汝祥
策划推广：中信出版社（China CITIC Press）
出版发行：中信出版集团股份有限公司
（北京市朝阳区东三环北路 27 号嘉铭中心　邮编　100020）
（CITIC Publishing Group）
承 印 者：河北鹏润印刷有限公司

开　　本：787mm × 1092mm　1/16　　印　　张：10.75　　字　　数：72 千字
版　　次：2015 年 5 月第 3 版　　印　　次：2026 年 1 月第 58 次印刷
书　　号：ISBN 978–7–5086–5078–4/F · 3349
定　　价：26.00 元

服务热线：010–84849555　　服务传真：010–84849000
投稿邮箱：author@citicpub.com

◎目录

思路决定出路，结果改变人生

为什么无数的人都拥有卓越的智慧，却只有少数人获得成功？为什么无数的公司都拥有伟大的构想，却只有少数的公司获得持续？

这就是《请给我结果》这本书要回答的问题！我们不仅要回答为什么像阿甘这样的人，没有聪明的头脑却靠专注获得了成功，为什么那些曾经争得“央视标王”的企业，不少已被历史抛弃。

同时我们还要回答，为什么世界级的制造，大多出在日本与德国这样“认真第一，聪明第二”的国家，为什么像我们这样聪明人居多的国家，产品质量却始终是我们摆脱不了的一个痛。

有一句话说得好，思路决定出路。企业有什么样的思路，就决定了企业有什么样的出路。员工有什么样的思路，就决定了员工有什么样的出路。

中国目前几乎所有优秀的企业，不管是海尔还是联想，不管是 TCL 还是华为，都走入了增长的困惑。联想在“大裁员”之后，才发现“企业不是家”；华为在国际化之后，才发现制度流程比积极性更重要；TCL

在并购汤姆逊之后，才发现过去管理业务的方式，在新形势下会导致企业失控。

这种时候，几乎所有的企业家都会问，优秀的企业尚且如此，那我们又应该怎么做？

《请给我结果》对此的回答是：做大做强是一个结果，而这个结果只能从员工获得。由此，《请给我结果》旗帜鲜明地提出一个口号：企业靠员工提供的结果生存，所以如果你要造就一个强大的公司，那么请你先学会打造强大的员工！

没有强大的职业化员工，就没有强大的企业。我觉得这是目前中国企业最重要的战略。因为职业化员工就像职业化球员一样，他们知道每一分钱都来自客户或观众，所以他们每拿一份报酬，都懂得要加倍回报。球员不努力，没有人看球；企业不赚钱，等待员工的就是失业。

我很欣赏一句话：什么是国际化？少一点儿狭隘的民族自尊心，就叫国际化；什么叫职业化？少一点儿狭隘的主人翁意识，多一点儿雇用感，就是职业化。

作为企业，我们不要沉湎于员工口头的忠心与苦劳，如果你说爱企业，就请你为企业创造结果（价值）。如果你不提供结果，无论你有多爱企业，无论你有多辛苦，企业都会因为没有结果而破产。我们要懂得一点，企业与员工之间本质上是一种商业交换关系，企业如果不淘汰那些不提供结果的员工，反过来对那些优秀员工就是一种极大的伤害！

同样，作为员工，我们不要把注意力放在企业给我多少钱上。你要觉得不值，就请离开企业。只要还在企业一天，我们就要提供结果。只要你接受这份工作，不管薪酬多少，你都要用相同甚至更多的结果来交换这份薪酬。否则，就是在剥削企业。

所有亏损的企业，如果你到其中观察，一定存在着无数剥削企业的员工，否则企业如何会亏损？反过来讲，如果一个员工努力地提供结果（价值），而企业由于决策或管理导致亏损，这就意味着管理者在剥削员工，因为员工的结果（价值）没有得到应有的回报。

做一个管理者最大的悲哀，莫过于碰到的是那些只讲空话或只讲苦劳、不讲功劳（结果）的员工。而做一个员工最大的悲哀，莫过于碰到的老板不是“走正道，赚大钱”的老板！

思路决定出路，行动决定结果。我觉得中国企业如果把企业成长的基点，放到员工的成长上，那么我们就获得了企业持续成长的真正动力。如何帮助员工成长？帮助员工成长最核心的要点，就是帮助他们懂得：做一个商人（任何企业员工都是商人）最基本的天职就是创造价值，提供结果！

任何一个有执行力的员工，或者任何一个有志于成为企业家的员工，请记住一点，企业中存在的各种问题，无论是老板不懂管理，还是同事不配合，无论是产品质量有问题，还是市场不景气，都不是你不提供结果、不创造价值的理由。你提供价值，只与你做一个职业化员工，与你未来做一个优秀的商人或企业家有关。

这就像一个优秀的职业球员，无论踢球报酬多少，也无论教练、队友有什么问题，这些都不是你不好好踢球的理由，你认真踢球只与一个原则有关，那就是你是职业球员，只因为观众只有一个要求：请给我结果！

你怎么想，你就怎么做。你怎么做，你就有什么样的结果。有什么样的结果，你就有什么样的人生。有人打赌，如果把全世界的财富均分，10 年后，贫富差距依然会像今天这么大。

你相信吗？如果你相信的话，那就请每天早晨醒来的时候，面对镜子大声对自己喊：请给我结果！我要改变任人摆布的人生！

01 不要任务，要结果

请给我结果

- 完成任务≠结果
- 结果——做一个员工的底线
- 做结果，做一个负责任的人
- 结果：完全掌握在自己的手中

完成任务≠结果

任务是一个执行假象，因为我们绝大多数的人在实际工作中，当你以为你是在执行的时候，其实是在完成任务，因为你没有结果！

我们要懂得一个基本道理：对结果负责，是对我们工作的价值负责；而对任务负责，是对工作的程序负责，完成任务≠结果！

同时进入公司的三个同学，薪水为什么如此不同？

无巧不成书，小张、小李、小王不仅是中学同班同学，而且是大学同班同学，更是同一天进入了同一家公司。

但是，他们的薪水却大不相同：小张的月薪是5 000元、小李的月薪是3 500元、小王的月薪是1 500元。

有一天，他们的中学老师来看望他们，得知他们薪水的差距之后，老师就去问总经理："在学校，他们的成绩都差不多呀，为什么毕业一年就会有这么大的差距？"

总经理听完老师的话，笑着对老师说："在学校，他们是学习书本知识，但在公司里，却是要行动，要结果。公司与学校的要求不同，员工表现也与学校的考试成绩不同，薪水作为衡量的标准，就自然不同呀。”

看到老师疑惑不解地皱着眉头，总经理对老师说：“这样吧，我现在叫他们三人做相同的事情，你只要看他们的表现，就可以知道答案了。”

总经理把这三个人同时找来，然后对他们说：“现在请你们去调查一下停泊在港口的船。船上毛皮的数量、价格和品质，你们都要详细地记录下来，并尽快给我答复。”

一小时后，他们三人都回来了。

小王先做了汇报：“那个港口有一个我的旧识，我给他打了电话，他愿意帮我们的忙，明天给我结果。我为了保证明天他给我结果，我准备今晚请他吃饭，请你放心，明天一定给你结果。”

接着，小李把船上的毛皮数量、品质等详细情况汇报给总经理。

轮到小张的时候，他首先报告了毛皮数量、品质等情况，并且将船上最有价值的货品详细记录了下来。调查之前，他已向总经理助理了解到总经理的目的，是要在了解了货物的情况后与货主谈判。于是，他在回程中，又打电话向另外两家毛皮公司询问了相关货物的品质、价格等。

此时，总经理会心一笑，老师恍然大悟。

相信看到这种情况后，任何一个人都会像那位老师一样，一下子就会明白，为什么他们的薪水会有这么大的差别。

在任何一家企业，我们都可以看到这三种人，我们应当问问自己：哪一个人中有自己的影子？我们是否真正清楚——我们周围那些收入高的人，为什么他们的薪水与我们的不一样？

完成任务≠结果：和尚撞钟与书店买书

在上面的故事中，小张显然是现在众多公司喜欢的员工类型。因为他不仅完成了任务，也就是老板“吩咐”他做的事，而且更懂得老板和公司“吩咐”他做事的结果。

在任何一个地方，我们都可以看到“做任务”和“做结果”这两种人，我们应当问问自己：哪一类人中有自己的影子？我是否真正清楚——我们周围那些优秀的人，为什么他们的竞争力与我的不一样？

也许，有人会感到迷惑：完成了交代的任务不就是有结果了吗？这就是“任务”迷惑人的地方：任务不是结果，不仅不是结果，而且是结果的大敌。

我们必须要明白一个基本的不等式：完成任务≠结果。

有一个小和尚担任撞钟一职，半年下来，觉得无聊至极，自己只是在“做一天和尚撞一天钟”而已。

有一天，住持宣布调他到后院劈柴挑水，原因是他不能胜任撞钟一职。

小和尚很不服气地问：“我撞的钟难道不准时、不响亮？”

老住持耐心地告诉他：“你虽然撞得很准时，也很响亮，但钟声空泛、疲软，没有感召力。钟声是要唤醒沉迷的众生，因此撞出的钟声不仅要洪亮，而且要圆润、浑厚、深沉、悠远。”

为什么小和尚不能胜任撞钟一职？因为小和尚在这里就是在完成任务——撞钟，他以为这就是住持与众生想要的结果。但住持与众生真正想要的结果是什么？不是撞钟，而是唤醒沉迷的众生。

撞钟是任务，唤醒沉迷的众生是结果！而要唤醒众生，首先是要你真正用心去撞钟。我们有多少员工是成天在做撞钟这个任务？只管钟响，但从来不想，也不管钟声是不是达到了真正的结果——唤醒沉迷的众生。

比如，领导让小王去买书，小王先到了第一家书店，书店老板说："书刚卖完。"小王之后又去了第二家书店，营业人员说已经去进货了，要隔几天才有。小王又去了第三家书店，这家书店根本没有这本书。

快到中午了，小王只好回公司，见到领导后，小王说："跑了三家书店，快累死了，都没有，过几天我再去看看。"领导看着满头大汗的小王，欲言又止……

什么是任务？什么是结果？买书是任务，买到书是结果。小王有了苦劳，却没有功劳，因为他没有为公司提供结果。要知道公司是靠结果生存的，如果我们每个人都满足于苦劳，满足于"我尽力了，结果做不到我也没办法"，那么公司靠什么生存？客户会因为公司员工很辛苦，但没有提供优质产品就付钱给你？

如果我们要任务，那么我们多半得到的是借口，因为完不成的借口有成千上万，欲找借口，何患无辞？如果我们要结果，那么我们多半得到的是方法，企业绝大多数的工作都不是去攀登珠峰，怎么可能办不到？办不到是因为你没有执着地去办。

比如买书，去买是任务，买到书是结果。小王的确跑了三家书店都没有书，这就意味着小王已经付出了劳动，却没有结果，如何让自己的劳动不白费？只要小王执着地要结果，就会有很多办法：

方法一：到网上书店搜索是否有这本书，这样可以大大节省跑书店的时间。

方法二：上网查这本书是哪家出版社出的，直接向出版社购买。

方法三：到网上查是否有电子版，或者到图书馆查是否有这本书，如果有，就问领导愿不愿花钱复印。

但小王这么做了吗？没有。为什么他不这么做？是因为他头脑中有一个思想，你安排我做这件事（任务），我就做了这件事（任务），我只对事（任务）负责，我不对结果负责。但公司真正想要的是做事（任务）吗？不，公司要的是这件事的结果！

考考你的秘书是几段：执着于结果有什么不同？

总经理要求秘书安排次日上午9点开一个会议。这件事情中，什么是任务？什么是结果？通知所有参会的人员，然后秘书自己也参加会议，这是“任务”。但我们想要的结果是什么呢？下面是一至九段秘书的不同做法。

一段秘书的做法：发通知——用电子邮件或在黑板上发个会议通知，然后准备相关会议用品，并参加会议。

二段秘书的做法：抓落实——发通知之后，再打一通电话与参会的人确认，确保每个人被及时通知到。

三段秘书的做法：重检查——发通知，落实到人后，第二天在会前30分钟提醒与会者参会，确认有没有变动，对临时有急事不能参加会议的人，立即汇报给总经理，保证总经理在会前了解缺席情况，也给总经理确定缺席的人是否必须参加会议留下时间。

四段秘书的做法：勤准备——发通知，落实到人，会前通知后，去测试可能用到的投影、电脑等工具是否工作正常，并在会议室门上贴上小条：此会议室明天几点到几点有会议。

五段秘书的做法：细准备——发通知，落实到人，会前通知，也测试了设备，还先了解这个会议的性质是什么，总裁的议题是什么，然后给与会者发过去与这个议题相关的资料，供他们参考（领导通常都是很健忘的，否则就不会经常为过去一些已经决定了的事，或者记不清的事争吵）。

六段秘书的做法：做记录——发通知，落实到人，会前通知，测试了设备，也提供了相关会议资料，还在会议过程中详细做好会议记录（在得到允许的情况下，做一个录音备份）。

七段秘书的做法：发记录——会后整理好会议记录给总经理，然后请示总经理是否发给与会人员或其他人员。

八段秘书的做法：定责任——将会议上确定的各项任务，一对一地落实到相关责任人，然后经当事人确认后，形成书面备忘录，交给总经理与当事人一人一份，并定期跟踪各项任务的完成情况，及时汇报总经理。

九段秘书的做法：做流程——把上述过程做成标准化的“会议流程”，让任何一个秘书都可以根据这个流程，把会议服务的结果做到九段，形成不依赖于任何人的会议服务体系。

从九个不同段位秘书的工作方法可以看出，由于对结果的追求程度不同，秘书的工作内容也发生了很大变化。

为什么是结果而不是任务？——员工与企业之间本质上是商业交换关系

为什么要强调员工的功劳（结果），而不是苦劳（任务）？这涉及企业与员工之间的本质关系。

企业是一个商业组织，员工与企业之间是商业交换关系。什么叫商业交换关系呢？举个例子，你要快递公司送一个快件，快递费用大致是10元钱，无论刮风下雨，都是10元，甚至是下大雪，交通极其困难，也是10元钱。

如果是快递员碰到天气很差，快件没有送到，你会不会给快递公司付钱？不会。为什么？因为10元钱交换的是把快件送到的结果，价格是快递公司自己定的，所以快件送到，就付钱；快件送不到，无论快递公司的员工有多少苦劳，我们都不会付钱。

这就是赤裸裸的商业交换关系，商业交换关系的本质就是一种结果，或者叫利益交换关系，或者买卖关系。员工与企业之间是什么关系？本质上仍然是买卖关系，企业付你工资或薪酬，你提供相应的结果！

请记住，企业购买的是结果，也就是劳动的结果，而不是劳动。劳动是不值钱的，只有劳动的结果才值钱。也就是说，功劳是价值，苦劳却不是价值。

为什么企业要这样？因为只有每个人提供的是结果，企业才有钱赚，才能够生存。但现在，我们不少员工却把上班当成结果，以为只要上班就可以领工资，这种观念大大地扭曲了员工与企业的关系。

我们是不可以用上班来交换工资的，上班的结果才可以交换工资。这就像睡觉一样，睡觉没有价值，睡着才有价值，睡觉但睡不着叫什么？叫失眠。失眠不仅没价值，而且还是一种病。

如果我们工作的时候，是为了完成任务，而不是追求结果，那么就是在睡觉，却没有睡着，处于失眠状态。所有有执行力问题的公司，一定有一部分员工或领导处于这种失眠状态。

有多少企业陷落在“任务陷阱”中？仍然以秘书安排会议为例。我们设想一下执行过程吧，如果秘书仅仅是发了一个通知，而所有参会的人真的全部参加了会议，你说这是谁的功劳？

打电话的秘书完全可以说是他的，在他月底的个人总结中，就会有一条：“总是按时完成上级交代的任务”——你还没话说！

假若有人没有参加会议，那又是谁的责任呢？秘书会摆出一大堆理由说明这不是他的责任，因为他已经通知了，至于他们有没有看到、看到了有没有忘记、是不是有事却没有请假，那是他们的责任。

但我们只要简单地做一个假设，如果我们是外包给会议公司又如何？我们的要求是召开会议，所以发通知不是结果，人到齐才是结果，如果有人不来，那要事先得到批准。否则，人不来就是会议公司的问题。有人不来，我又不知道，那我就有理由不给你付钱。

既然这样，那为什么你又要给只发了一个通知的秘书付钱呢？或者说，同样是秘书，你会给一段秘书与九段秘书付同样的钱吗？

现实工作中，我们常常被“完成任务”这类完美的执行假象所迷惑。

因为我们不明白：完成任务其实只是实现结果的一个过程，有时候甚至只是刚刚开始做结果，但在因果逻辑上，他的确已经完成“任务”（比如打电话），可又没有达到你的要求。这种矛盾，会导致下属甚至整个公司都在找理由推卸责任，下属找理由对付上级，上级找理由对付老板。因为只要完成了任务，员工就有一万个理由来说明，没有完成结果不是自己的责任。

我们要懂得一个基本道理：对结果负责，是对我们工作的价值负责；而对任务负责，是对工作的程序负责。

公司规模扩大之后，部门就增多，职位多了之后，员工就多。职位和部门一多，员工完成任务的程序就往往会代替实际要做的结果，组织层级就会代替客户价值。于是，任务往往就会迷惑我们的眼睛。这样一来，员工就有了无数可以开脱责任的理由：我已经尽力了，我已经努力了，没有功劳也有苦劳啊。

如果我们要致力于打造一个具有强大执行力的团队，如果你要成为一个优秀的执行型人才，那么请记住，执行永远都只有一个主题：执行是要做结果，而不是完成任务。

我们永远都要锁定“结果”这个目标，而不是完成任务这个“程序”，因为“完成任务≠结果”。

成为做结果的人

任务与结果的差别，是很多企业的“心病”：有时候并不是员工不尽力，大家似乎都在工作，但企业却拿不到结果，导致销售下降、质量波动、人心浮动、没有业绩。同样，这也是员工们的疑惑：我这么努力，“圆满”地完成了任务，为什么老板还是不满意？

关键在于你没有把重点放到结果上，被“完成任务”迷惑了。其实在大多数情况下，不是你办不到，是因为你没有执着地去办。

你要分清什么是结果什么是任务，成为一个做结果的人才是结果。如何才能成为一个做结果而不是只做任务的人呢？首先，你要养成一个去做结果的习惯。这个习惯会让你一生受益。

这不是一件轻而易举的事，要怎样才能做到呢？严格按照以下的方式就能做到，首先你要养成的一个习惯就是：

遵守《行动手册》的内容，达到每章的要求才能阅读下一章。

清晨起床，按照《行动手册》，默默诵读相关内容；午饭之后，再次默读；夜晚睡前，高声朗读。

第二天的情形完全一样。久而久之，它就会成为你做事的一种习惯，当达到要求后就可以进入下一章。

结果——做一个员工的底线

做商人的底线是，你必须懂得客户之所以给你钱，是因为你做事的结果，而不是因为你付出了什么。你如何辛苦并不重要，但你提供了什么价值却很重要。

什么是底线？就是做不到这一点，就会死

让我们先从一个故事开始说起。

英国的一份著名报纸，曾经举办过一项设有高额奖金的有奖征答活动。题目是：在一个充气不足的热气球上，载着三位科学家。

第一位是环保专家，他的研究可拯救无数人，使人们免于因环境污染而面临死亡的厄运。

第二位是核专家，他有能力防止全球性的核战争，使地球免于遭受灭亡的绝境。

第三位是粮食专家，他能在不毛之地，运用专业知识成功地种植食物，使几千万人脱离饥荒的命运。

此刻，热气球即将坠毁，必须丢出一个人以减轻载重，使其余的两人得以存活。请问，该丢出哪一位科学家？

问题见报后，很多热心的读者纷纷把自己的答案投给报社。回答大多集中在讨论哪一位科学家更重要上，有人说环保重要，有人说核能重要，有人说粮食重要。为此，各方支持者争吵不休。

结果出来了，众多的回答者都与大奖无缘。最终，偏偏是一个小男孩答对了题，中了大奖。小男孩的答案再简单不过了——“丢出那个最胖的人”。

为什么？

因为题目要解决的问题是：“防止热气球超重坠毁”，而不是任何其他的科学问题。而解决这一问题的底线，就是热气球的重量。所以，“减重活命”——在这个故事里就是底线答案。至于谁能对社会贡献最大，那是等到科学家能活命之后才能够讨论的问题。

我们再看另一个例子。大家一定都知道，轮胎是汽车的标志之一。没有车轮，那就是轿子，而不是车子。

没有轮胎，车是开不了的，开不了的车子还不如走路好。所以说，车轮就是车子的底线，没有底线的车子就不能称为车子，至多，只是一个趴在地上的铁壳子而已。

又如，水是生命的源泉，人体中存在有大约 70% 的水分。科学证明，一个人只要能保持一定的饮水量，即使在没有食物的情况下，也能够存活相当长的一段时间。

1995 年 1 月 17 日，日本发生了震惊世界的 7.1 级“阪神大地震”。地震过后的第 12 天，人们在废墟下的一个地下室里，救出了一名男子，该男子成功存活了。据这名男子说，在这 12 天里，他主要是靠饮自己的尿液来维持生命。

对一个受困于地震后废墟里的人来说，活命是最基本的结果。要实现这个结果，就要满足生命存活的底线，在这个例子里，饮水对于人的生命来说就是底线，而衣服等其他物品则不是。

员工的底线是提供结果

员工的底线是什么？

做一个合格的员工有很多要求，但最基本的就是提供结果。安排你做一个工作，公司实际上是想要你提供这个工作的结果。但是，很多人却陷入了一个小小的心理陷阱：因为公司与员工之间，不是采取公司之间那种讨价还价的交换，我们就认为公司与自己之间不是商业交换，而是“一家人”。只要做事，尽力就可以了，至于是不是达到了公司想要的结果，那就不是自己的底线了。

事实上，认为在工作中对任务负责，而不是对结果负责，这是对员工与公司关系一个极大的误解。要知道，虽然公司与员工不是在每一件事上都采取直接的讨价还价的关系，但员工应当清楚地知道，自己既然拿了公司的工资，就应当提供相应的价值。

这就是职业化的由来。为什么有职业精神的员工，即使没有人管他，他也会认真负责地工作？因为他会自觉地用公司提供的报酬，来衡量自己的付出，如果付出得不够，没有创造相应的价值，他就会觉得自己“对不起公司”。

职业化意识的起点，就要从为公司提供底线——结果开始。你可以有无数伟大的构想，但提供结果是最基本的要求。所谓“底线”，就是不做这一点就会死。热气球超重会下降，汽车没有轮胎走不了，人没有水活不下去，这都是底线。

至于哪一位科学家的价值大，至于汽车用什么发动机，至于人穿什么衣服，那都是必须在达到底线之后才能够讨论的问题。

例如：作为一个学生，我的底线结果就应该是功课及格。我可以把身体、社团活动、人际关系、社会实践等其他一系列相关活动都做得很好，但是如果功课不及格，这一切就像造房子没有打地基，无法盖起万丈高楼一样。假如一个学生连自己学习的课程都不能够及格，那么社团活动、社会实践等工作又从何谈起呢？那么，他作为一个学生也就无价值可言，也谈不上符合学校的需要，更无法在未来找到一份好工作，与一家好公司进行平等的价值交换。

有一位老总曾经苦笑着说，他的公司里来了一个新会计，做报表的态度很认真，报表的格式也做得漂漂亮亮，是整整齐齐的三张纸。可惜，报表上的数据与实际发生额相差甚远，老板看了一头雾水，连她自己对报表上原始数据的来源也说不清楚。于是，这张报表实际上也就成了废纸，在公司管理层做决策时一点儿参考作用都没有。

这就是没有做到会计的底线。

一位会计的底线是什么？那就是数据的真实性，这是最基本的要求。如果财务的基础数据都出问题，那么任何伟大的核算都会失去应有的价值。一个会计在做报表时连这点都保证不了，不就是像掉了轮胎的车子一样开不动了吗？

执行型人才的四个标准

对结果负责的人，就是对自己负责的人。所有执行型人才，他们只有一个共同的特点，那就是对自己负责。

客户价值

台塑集团创始人王永庆年轻的时候在米行做工，经常给附近的居民上门送米，和其他工人不同的是，他每次都会暗暗记下顾客家里米缸的容积和家中的人口，估算下一次送米的时间，在顾客家中米缸快见底的时候主动上门送米。

执行型人才的第一个标准叫客户价值，即执行的任何一个行动，都是围绕客户价值来进行的，客户价值是执行的底线，没有客户价值的行动，都不能够称为执行。

结果导向

玄奘前往印度（古代天竺）取经，历经10多年艰苦求学、游历，但是他所有的行为都是为了一个目的，就是将经文内容带回中国，在中国弘扬佛法。所以，他在印度功成名就之后，最终还是带着佛经返回中国，用余生翻译佛经。

结果是执行的第二个标准，相信有无数人如玄奘一样有梦想，但只有玄奘到了印度，取回了佛经，这一结果，奠定了玄奘的历史地位与价值，一句话，价值是靠结果来交换的。

信守承诺

全中国的人都崇拜李嘉诚的成就，他个人从贫贱学徒成为首富的奋斗历程更是励志的典型案例。在中国香港的商人圈中，很早就流传着这样一种说法：只要和李嘉诚签署了合同，就不用担心合同执行的问题了，李嘉诚靠着这样的信誉在商圈中建立了长期的发展基础。

信守承诺是执行型人才的第三个标准，如果说前两个标准讲的是外在标准，那么，信守承诺与永不言败讲的就是执行型人才的内在人格标准，信守承诺意味着建立起个人品牌，从而值得人们的信任与合作。

永不言败

永不言败讲的是对过程的执着，这是执行型人才的第四个标准。据说爱迪生发明电灯时，试验几千次仍然没有成功，有人问，这么多次失败为什么仍不放弃，爱迪生回答，我没有看到失败，我看到的是，我已经成功地发现有几千种材料不合适。

这就是执行应有的心态，失败并不是结尾，而是接近成功的一个里程碑。

据统计，近20年来，在全球500强企业中，从美国西点军校毕业出来的董事长有 1 000 多名，副董事长也有 2 000 多名，总经理或者董事一级的人才高达 5 000 多名。

为什么不是商学院培养了这么多的企业领导者，而是西点军校呢？我们可以看一下西点军校对学员们要求的标准——爱国、准时、守纪、严格、正直、刚毅，这些是任何一家优秀企业对其领导者要求的基本素质。

执行型人才的四个标准，其实也是任何一家优秀企业对企业领导者最基本的素质要求，客户价值、结果导向、信守承诺、永不言败，永远都是把梦想变为现实的最为核心的要素。

结果：完全掌握在自己的手中

进入公司，就意味着在你的人生中，你每天都要用结果来交换自己的工资，也要用结果来证明自己的价值。结果怎样，与其他人无关，只在于你是不是一名合格的员工或合格的管理者，在于你是不是真正地对企业，对自己有价值。你每天结果的累加，也就是你的人生价值，这完全掌握在你的手中。

结果，由自己掌握

进入公司，就意味着在你的人生中，你每天都要用结果来交换自己的工资，也要用结果来证明自己的价值。结果怎样，与其他人无关，只在于你是不是一名合格的员工或合格的管理者，在于你是不是真正地对企业、对自己负责任。

请记住，任何伟大的人生，都是你每天结果的累加。没有每天的结果，就没有最终的结果。这说明，你的人生价值完全掌握在你的手中。

中国文学史上大名鼎鼎的苏东坡，是大家广为熟悉的名人。但是大家可知道，苏东坡的父亲苏洵，也是北宋时期的大文学家。苏家是北宋时期赫赫有名的书香门第，一父两子都名列“唐宋八大家”。

其实，苏洵早年自视天资聪明，就觉得自己一定会有成就，所以并不十分努力。等到他27岁时，发现自己一事无成，但他的父亲鼓励他，只要努力，任何时候都不晚。

于是他才开始发奋学习。27岁，对现代人来说还不算老，但是古人寿命短，讲究三十而立。因此，27岁对苏洵来说，已经是“老大不小的年纪”。想想吧，从27岁才开始学四书五经，比起那些从四五岁就开始熟读唐诗宋词的人，苏洵的努力的确是很晚了。

但苏洵不仅努力学习，而且把目标定在科举考试上。虽然连续几年都落榜，不过他毫不气馁。后来，苏洵终于成为博览群书、通晓六经百家的大家。下笔顷刻就能写出数千言的好文章，连皇帝读了他的文章都赞叹不已，引得当时许多学者争相模仿他的文章，苏洵也终成一代大文豪。

苏洵的故事说明，人生的价值，是一个结果的累积，只要从现在做起，任何时候都不晚。表面上看，27岁才开始认真学习，已经落后了别人很多年，而且参加科举考试又连续好多年落榜，普通人一定会受不了打击，心灰意冷直至放弃。

但从结果的角度看，结果不就是每天努力的累积吗？所以只要努力去做，努力实现学习的结果，日积月累，终得大成。

反观一些一开始就努力的人，他们努力了一段时间之后，感觉成功离自己太远，然后选择放弃。为什么古人有“大器晚成”一说？原因就在于，成功是由结果累积而成的，所以只要不断地累积，就一定有成功的一天。大器晚成，不过是结果累积的时间长些罢了。

速效，成的大多是小器。要成大器，就要耐得住寂寞。所以人生的结果怎样，价值如何，与其他人无关，而是由你自己决定。

结果，即人生价值，完全掌握在自己的手中！

自度、自助、自救：上天只帮助那些自救的人

有一个小故事，讲的是一个人在屋檐下躲雨，这时看见一个和尚打伞走过，这人说："大师，普度一下众生吧！带我一段如何？"

和尚说："我在雨里，你在檐下，而檐下无雨，你不需要我度。"

听罢，这人立刻跳出檐下，站在雨中，"现在，我也在雨中了，该度我了吧？"

和尚说："我在雨中，你也在雨中。我没有被雨淋，是因为有伞；而你被雨淋，是因为无伞。所以不是我度自己，而是伞度我。你不必找我，请自找伞。"

和尚说完便走了。

这人很气愤，心想不就被雨淋吗？又不会死人！怕什么，一气之下，就冲到雨中，昂头前进。

谁知道，这时有很多人看到一个人在大雨中，冒雨前行，毫不畏惧，心想一定是这人有急事要回去，于是纷纷有人走上前来，要与他一起在伞下同行。

自助者天助！上天只帮助那些自救的人。

我们经常看到这样的情况，有很多看起来贫苦的乞丐站在街上行乞，他们伸出手，并不会有很多人去帮他们。我们也会看到这种场景，一个

年轻力壮的小伙子，推着一辆很重的车，在上坡的时候，反而会有很多人上前帮他。

为什么年老的乞丐在街上行乞，却没有多少人帮助？为什么一个年轻力壮的小伙子，在推车上坡的时候，却会有很多人上前帮助？

更重要的是，人们在帮助乞丐的时候，心里充满的是同情。而在帮助年轻力壮的小伙子推车的时候，人们心里充满的，却是对小伙子的尊敬。

这之中的差别，多么值得我们品味啊。当我们在埋怨这个社会是如此冷漠，人性是如此淡漠的时候，请想想吧，你是街上站着的乞丐，还是大汗淋漓的推车小伙？

渴求帮助的人反而得不到帮助，无论你多么值得帮助，也无论你的境况是多么值得同情。不渴求帮助的人反而得到帮助，无论你是多么年轻力壮，也无论你拥有多大财富。

人们只愿意帮助自救的奋斗者，鄙视卖弄伤口的乞丐。上天只帮助那些不愿意放弃自己的人。这就是我们这个社会的帮助逻辑。

所以无论在工作中，还是在生活中，当你感到无助、遇到瓶颈时，请想想这一逻辑吧。然后问问自己，你是处于乞丐的位置，还是在大汗淋漓地推车？自助者天助，否则谁也帮不了你。无论你多么需要帮助。

“我的结果是跑完比赛”

在一次奥运会的马拉松比赛中，在众多选手已经顺利完成了比赛之后，人们发现，坦桑尼亚选手艾克瓦里仍坚持着，吃力地跑进了奥运体育场。

他是最后一名抵达终点的选手，而这场比赛的优胜者早就已经领了奖杯。此时的艾克瓦里的双腿已经沾满血污，但他没有放弃，还是忍着伤痛，努力跑到了终点。

于是，有人好奇道："比赛不是早就结束了吗，你为什么还要跑到终点啊？"

这位来自坦桑尼亚的年轻人轻声地回答说："我的国家送我来这里，不是只叫我起跑的，而是派我来完成这场比赛的。"

我想，听了这个回答后，所有人都为这个年轻人而喝彩，为他骄傲！

艾克瓦里心中装的不是成败，而是结果，结果就是必须完成比赛。

这是他的祖国希望他做到的结果，所以对艾克瓦里来说，"跑完比赛"是他努力的方向。尽管他不是马拉松比赛里跑得最快的选手，但是他一定是一位优秀的选手。

因为只要如此执着地追求结果，只要不放弃，他就有希望成大器。而如果他觉得自己没有希望了，就此放弃，也许回国他就再也不会从事这项运动了。如果这样，对他来说，永远都不会有任何结果了。

也许有人会说，那做别的呀。想象一下吧，容易放弃的人一旦碰到困难就放弃，但这个世界上有什么事是没有困难的呢？

为什么我不能从今天开始，不再逃避痛苦？那么，当我获得成功的时候，阳光会照亮我的内心，我将不再胆怯，我将充满自信。

什么使你痛苦，什么使你强大？结果使你痛苦，结果使你强大！

02 心态决定行动

请给我结果

行动，来自“结果心态”
结果心态：不是“想要”，而是“一定要”
结果心态三要素：心态如何决定行动

行动，来自"结果心态"

心态创造行动，行动创造结果，这就是商业的心态。我们的所有努力，目的在于"给客户提供一个实实在在的产品，并且使客户觉得物有所值"。如果我们想要一个满意的"商业结果"，那么我们首先要树立一种能够激发行动的"商业心态"。

只有依靠结果，公司才能生存

美国施乐公司曾经辉煌一时，它的辉煌源于20世纪最伟大的发明之一——静电复印技术，因为这项伟大的发明，施乐公司从1962年起，就跻身全球500强企业的行列，成为复印机业的领军人物。

但是正是这样一家成功的公司，最后却被竞争对手无情地甩在身后，论其原因，可谓"成也萧何，败也萧何"。

施乐公司长期凭借着静电复印技术，久居龙头老大之位，时间长了，对市场的变化失去了警觉，新产品千呼万唤也难见踪影。

当传统的复印机已经不能与电脑等新型的办公设备相关联工作时，施乐公司还在一门心思地生产传统复印机产品。而此时，日本的佳能公司已经推出了颇受现代办公族欢迎的中小型数码复印机。

一边，施乐公司还躺在前人的功劳簿上，赢利能力衰退，新产品的研发也停滞不前；另一边，佳能公司则不断努力，推出迎合市场变化的新产品。数字化时代到来的时候，保守的施乐公司终于难以生存下去，几乎面临破产和倒闭。

2000 年，施乐复印机在美国几乎失去了 1/3 的市场份额，佳能复印机如愿以偿地坐上了美国复印机市场的头把交椅。到了年底，施乐中国公司不得不以 5.5 亿美元的价格将股权转让给了日本富士公司。

市场竞争激烈无比，如果企业给客户、给市场提供的“结果”——产品——跟不上市场的需求，得不到客户的认可，那么任凭你曾是业界霸主，还是龙头老大，你的结局只能是退出市场，退出舞台。

为什么拥有强大技术后盾的美国施乐公司，输给了后起之秀——佳能？原因就在于施乐公司在心态上先输了，它没有适应市场变化的心态，一味满足于既有的成绩，自然就没有主动适应市场，把握市场的行动。

反过来，佳能公司可能没有领先的技术，但他们却在心态上赢了。先假定客户价值是会变化的，就获得了把握市场的主动权，自然也就有了佳能公司在数码复印机上的行动，自然也就有产品畅销、企业赢利。

请记住，心态创造行动，行动创造结果。如果我们想要一个满意的“商业结果”，那么我们首先要树立一种能够激发行动的“商业心态”。

如何从卖菜中赚钱？结果心态是一种价值心态

商人与其他人不同的地方在于，商人强调行动！商人的行动能力在所有的人群中是最强的。为什么？因为商人的心态是一种结果心态，或者说是一种价值心态——公司的利润源于为客户提供价值，个人收入源于为公司创造价值。

因此，结果心态，本质上是一种价值心态——我们想要更多回报，就要提供更大的价值。从商业角度说，我们想要更多的财富，那么我们就只能通过为客户、为公司提供更多的结果，才能“交换”得到我们想要的东西。

有了这种结果心态，就意味着我们立即获得了行动的动力与提高自我素质的机会。

动力是什么？在商言商，进了公司，不想赚钱，那不是一种商人的心态。任何一名公司员工，进入公司的第一天，就要树立多赚钱的思想。当然，只想赚钱的员工不是好员工，因为这样的员工太短视，但不想多赚钱的员工也不是好员工，员工不想赚钱，公司如何赚钱？公司是一种用经济手段来衡量个人价值的地方，你想要更多的回报，那就为公司提供更多更好的结果吧。

机会在哪里？对外，因为我们需要为客户提供产品，并且让客户觉得物有所值，所以我们可以通过实实在在地提高产品质量和服务满意度来提高其价值；对内，因为我们需要为公司提供结果，并且让公司觉得物有所值，所以我们可以通过改进自己的工作方法，提高自己的工作技能，来提高我们所提供的价值。所有这些，都是机会所在。

举一个简单的例子来说明吧。

买菜卖菜，虽然是最普通的商业行为，但往往最普通的行为，能够说明最深刻的道理。通过这类简单的例子，我们很容易就能明白，拥有结果心态之后，为什么我们会有新的动力？为什么我们会拥有新的机会？

比如，你把菜放在菜市场去卖，别人给你 5 角钱。这时候，任何人都会有一种本能的反应——想办法把菜卖到 6 角、7 角……甚至 1 元钱。

那如何做到这点呢？接下来，你就会想，应该对这个菜进行保鲜、让菜从外表上更美观、把菜的种类备得更齐全、向顾客把菜的营养成分介绍得更清晰……都是我们提高菜的价值的方法。

这种心态就是结果心态：我们通过改进，为客户提供更高价值，来提高我们的价值，从而使结果更好，从而获得更多的收入。

有了这个结果心态之后，我们不仅可以通过改进白菜的品质来获得高利润，还可以从结果的角度去想，有没有比卖白菜更赚钱的？于是，我们在卖的品种中，加入萝卜、西红柿等。

然而，这一切的关键在于——我们要懂得获得回报是一种结果，提供价值才是创造结果的原因，想要获得更多的回报，那就多为公司创造价值。

我觉得，结果心态最伟大的地方在于，结果心态是一种积极主动的心态。结果心态提醒我们，不要再把眼光停留在结果上，不要把心态局限在公司给你的回报上，因为那样并不能够帮助你改变现状。反过来，要把眼光放在创造结果的原因上，要把心态放在如何为公司创造更多的价值上。

有了这样的心态，你就不再把命运交给别人。眼光盯在报酬上，就会埋怨公司的工资标准，只要公司不改变，我们就不行动，这样的结果是双输。而眼光盯在提高工资的原因——创造价值上，我们就会积极主动地改变我们的行为，积极主动地多创造价值，这样的结果是双赢。

有了结果心态，我们的命运就从此掌握在自己手中。此处不留人，自有留人处。公司有问题并不是你不行动、不为公司创造价值的理由。这正像别人骂你并不是你骂人的理由一样。我们不骂人是出于做人的原则，而不是因为谁骂或是不骂我们！

同样，我们创造价值，是出于我们做一个商人的原则，而不是因为哪一个企业对我们公平或是不公平。我们的价值是由市场决定的，不是由哪一个人或哪一个企业决定的。

卖报老汉的营销：为什么结果心态能够让我们致富？

我曾经读过这么一个故事，它非常确切地说明了结果心态如何帮助我们致富。

这个故事说的是两年前，一位老汉从工厂下岗了。下岗工资很少，生活的压力使得老汉开始打算卖报挣钱。几经挑选，他发现35路车总站人流量大、车次多，于是选定在35路车总站卖报。

车站一共3个卖报人，卖的是同样的报纸。老汉冥思苦想，终于想到办法了。另外两个卖报人都是各有一个小摊点，在车站的左右两边。老汉决定，不摆摊，带报纸到等车的人群中和车厢里叫卖。

一段时间下来，老汉还总结了一些门道：

等车的人中一般中青年男性喜欢买报纸，上车的人中一般有座位的人喜欢买报纸并喜欢一边吃早点一边看（消费者分析），有重大新闻时报纸卖得特别多（销售数据分析）。

于是，老汉又有了新创意。每天叫卖报纸时，不再叫唤“快报”、“晨报”之类。而是换了一种叫法，根据新闻来叫（价值点）。什么“伏明霞嫁给 53 岁的梁锦松”、“王菲为什么要与李亚鹏离婚”、“一个女检察长的堕落”、“‘超级女声’为中国移动赚了多少钱”等。

果然，这一招十分见效！原先许多没打算买的人都纷纷买报纸。几天下来，老汉发现，每天卖的报纸量居然比平时多了一半。但老汉发现，这样的做法对男士很管用，但对女士或有钱人不怎么管用，他细细观察，发现有的女士与有钱人会带自己的杂志或书来看（根据客户做细分，懂得客户价值）。

于是，他就有意识地向女士与有钱人推销杂志：向女士推荐服装美容杂志、向有钱人推销《中国企业家》、《销售与市场》之类的管理杂志。结果十分奏效，这一下利润就大多了，一本杂志的利润等于好几十份报纸呢。

老汉的这一做法，被一个房地产公司的老总注意到了。他也是老汉的顾客，和老汉熟悉之后，这位老总给了他一个生意：在一些高档杂志与经济类报纸中夹送他们的售房广告，那个老板每个月给他 5 000 元（几乎相当于他卖报的全月收入）。

有了这一经验，老汉还会根据杂志的销售状况做一些优惠，比如说买一本《读者》送一份《早报》等，因为杂志赚得比较多。另外，老汉还为一些慢慢熟悉起来的顾客提供订报服务，并买了一部手机，给经常买报的顾客送名片，承诺可以特别提供预留报纸或杂志的服务。

这样做了大约半年，车站的一家报摊由于生意不太好就不卖了，于是老汉就接下这个地方支起了自己的报摊。但老汉又有不同：他加入了政府统一制作的报亭系统，于是他的报亭气派又美观（有统一的视觉识别系统，有助于提升形象）。

老汉的女儿周末在肯德基打工，经常带回来一些优惠券。于是，这又成了老汉促销的独特武器。买一份报纸或杂志，赠送一份肯德基优惠券。慢慢地，很多人就只到他这儿买报纸、杂志了。

老汉这个报亭良好的地理位置和巨大的销量，很快就被可口可乐公司发现了，他们安排业务人员上门，在老汉的报亭里张贴可口可乐的宣传画，安放了小冰箱。于是，老汉的报亭不仅变得更漂亮更醒目，还能收一些宣传费，而且增加了卖饮料的收入。

就这样一直做了两年，老汉的卖报生意有声有色。每月的收入都近万元。现在，老汉又有了新的目标，他打算收购旁边的报亭，再开几个报亭，把女儿将来读研的钱也挣到手。

老汉卖报卖出这样的成绩，还真是卖出了一套经营哲学。细细思考起来，老汉的做法其实并没有多么高深的技巧，最关键的就是老汉时时围绕“把报纸卖出去”这个结果，因为只有把报纸卖出去，才能实实在在地赚到钱。老汉的所有举措无不围绕这个结果进行。老汉的故事告诉我们：成功来自对结果的执着追求。

结果心态：不是“想要”，而是“一定要”

当有一天你的上司问你要某个结果时，你在执行前，不是考虑能不能成功，而是下决心即使失败也要执行，关键是建立必胜的信念和决心，坚决贯彻执行决策，尽最大力量获得决策时所要的结果。

日产的戈恩为什么成功？

2000年，全球汽车市场一片萧条，日产尼桑公司也因此陷入了困境。危急关头，公司高层空降了法国有“营救大师”之称的卡洛斯·戈恩来到日产，期待他妙手回春拯救日产。

在戈恩正式上台的就职演说中，他面对日产公司的所有股东和员工，面对众多的新闻媒体，做出了一个惊人的公众承诺——“180”计划：“1–8–0”这三个数字分别代表了日产将实现的三个目标：截至2004财年，全球销售量增加100万台；运营利润率达到8%；汽车事业净债务为零。该计划旨在实现日产的持续性、赢利性增长。

戈恩在演讲台上坚定地告诉所有人：“我要实现这三个目标，如果任何一点没有做到，我就出局！在提出这三个目标前，我没有说一个‘假如’：假如有了支持、假如经济环境良好、假如日元汇率降低……我已经决定，并已经承担责任，这是我的承诺！”

戈恩说到做到，不仅扭亏为盈，现在的日产就像变了一家公司。业界为之震惊，人们发现奇迹总是在这样的大师身上闪现，他必然有其成功的方法和规律，于是很多人去向戈恩求教。

有记者问戈恩，为什么在一上台之初就要坚定地锁定目标，不给自己后路？戈恩回答说，人们喜欢结果，因为它简单，谁都能明白，谁都可以去衡量。当我们给了对方一个结果承诺，于是人们对你的态度就会积极起来。人们会说：“好的，这很公平，给他一个机会吧！我们按承诺执行，他按承诺兑现，没有任何借口，一切为了结果。”

记者接着问：“我觉得对于你的目标来说，就是能够尽快地让日产扭亏为盈。但是对一个连续亏损了那么多年的国际性企业来说，要完成这样的一个目标，达到这样一个愿景，不是一件容易的事情，当时大家认同你的这种观点吗？他们相信你能够完成这个任务吗？”

戈恩回答道：“我觉得在开始的时候，人们是持怀疑态度的——不是否定的态度，而是怀疑的态度。他们认为戈恩这个外来人根本不了解日本、不了解日本文化、不了解日产，他能够使公司有多大的起色呢？面对这种怀疑的态度，我不想有反对力量和抵制情绪，因为我希望结果成为对我的支持，我希望信心建立在事实之上，信任建立在事实之上，但这并不是说说就可以实现的。制订日产复兴计划是我们迈出的第一步，我们要对计划的实施结果做出承诺。”

那“承诺”对他意味着什么呢？戈恩说：

“这是一个很简单的词，就是说，在你概括了公司所有要做的事情之后就必须要说：我作为公司的总裁承诺，公司明年要实现赢利，运营利润率要有一定幅度的增长，债务要得以削减。在一定的时间内要有一些量化的指标。”

“承诺就意味着如果达不到目标的话，我就要辞职，不能再做第二个计划，也没有第二次机会。我只有一次机会尝试，成功了就好，如果不成功就要辞职，由其他人来接替。从一开始情况就很明确，所有的人都知道，我要完全参与这个计划中，而且所有的经营委员会成员也要参与进来。因为我们不会有第二个计划。第二个计划只能由其他人来做，所以从一开始形势就很严峻。”

没有“假如”，只有“必须”，从一开始就下定决心，一定要实现结果，不实现就辞职！这就是戈恩执行的逻辑。因为“假如”听起来很有逻辑，但获得支持的是我们对结果永不放弃的决心：既然锁定了目标，锁定了结果，那么我们对于结果，就不是“要”，而是“一定要”。

在结果面前，你需要一个“一定要实现”的决心。

“除了妻儿，一切都要变”

信息技术（IT）业界流传着韩国三星集团总裁李健熙的一句名言：“除了妻儿，一切都要变。”这句话，也正是当年李健熙下定决心带领三星集团励精图治、发奋改革的真实写照。

1987 年，李健熙从父亲李秉喆手中接过三星集团这个大担子，1993

年开始重塑三星，并且提出了这个“除了妻儿，一切都要变”的口号。

当时，李健熙决心给沉睡中的三星一剂猛药，一个改革的信号弹。于是，变革就从改变上下班工作时间开始，将原来的“朝九晚五”变成“朝七晚四”，20万员工都将提前两小时上班。进行这种大规模的变革会遇到很多方面的阻力，但是李健熙相信，如果下不了这个决心，振兴三星的日子就会遥不可及。

三星人从此意识到“改革开始了”，很多人从以前的闲散的心态中恢复过来，开始利用下班后的时间学习外语、培训进修，这些努力为日后三星集团拓展海外市场打下了坚实的基础。

1997年，韩国受到东南亚金融危机的强烈冲击，很多韩国大企业纷纷破产倒闭，举国上下损失严重，三星集团也难免受到影响。危机重重下，李健熙决心再次重整三星，他对员工说：“为了公司，生命、财产，甚至名誉都可以抛弃。”

李健熙拥有如此强烈的危机感与决心，在他的带领下，三星集团制定了明确的战略方向，坚定不移地执行战略，不断推进变革，获得了深远的影响。

直到2002年年底，三星集团已经跻身全球IT行业前20名，连一向骄傲的索尼都对它另眼相看。

为了表明“一定要”结果，而不是简单的“想要”，三星不惜将上班时间提前两个小时，20万员工的生活习惯从此改变。从中我们可以看出李健熙的变革决心之大。这就是结果心态的一个最好说明：成功者对结果不是“想要”，而是“一定要”。无论付出多大代价，都要达到。

史泰龙与桑德斯的 1 855 与 1 009 次失败

举世闻名的国际巨星史泰龙，在尚未成名之前，其实是一个穷困潦倒的人。但是，史泰龙没有放弃，他下定决心，一定要成为好莱坞的明星。于是，史泰龙就去拜访好莱坞的电影公司，把自己的电影剧本给他们看，并告诉他们自己要演戏中的男主角。

那时，好莱坞总共有大约 500 家大大小小的电影公司，史泰龙逐一去拜访过，但是没有一家电影公司愿意录用他，他总共经历了 1 855 次严酷的拒绝和冷嘲热讽。

最后，总算有一家电影公司的经理被史泰龙的精神感动，愿意采用他的剧本进行尝试，并聘请他担任自己剧本中的男主角，这部片子就是《洛基》。

从此以后，史泰龙一炮打响，他演的每一部片子都十分卖座，奠定了他国际巨星的地位。在“成为好莱坞明星”这样一个结果面前，史泰龙不是“想要”，而是“一定要”，他经历了 1 855 次失败，终于成功。我们有多少人由于没有成功的决心，不要说上千次，就是一两次挫败，就灰心丧气了。

这就是普通人与成功者的区别，普通人在结果面前只是“想要”，想想而已，得不到，也就放弃了；而执行型人才是“一定要”，不仅仅是在脑子里画一幅蓝图就算了，而且还要有将其实现的决心和百折不挠的毅力。“想要”与“一定要”之间，有着多大的鸿沟？肯德基炸鸡的创始人桑德斯上校，退休时已经 65 岁了，虽然他身无分文，却下定决心要做出一番事业。

老上校不顾自己已经年迈，到处推销他的炸鸡秘方，希望有一家餐馆能接受他的方法。但是，听完桑德斯上校的介绍，十家有九家的餐厅老板都对他的秘方嗤之以鼻。

然而，老上校对于自己锁定的结果，不是“想要”，而是抱定了“一定要”的决心。在两年时间里，他被人拒绝了整整 1 009 次，却仍然继续努力着，没有放弃。第 1 010 次他成功了——终于有餐厅同意用他的炸鸡秘方。

很多人只看到史泰龙和桑德斯成功以后的光环，却不知道他们在成功前，曾经经历过 1 855 次、1 009 次的失败。有多少人能承受这么多次的失败，又有多少人能在失败了 1 855 次、1 009 次后，还是坚定了决心继续努力下去？

尊严首先是对自己的承诺负责

在市场经济环境中，什么是尊严？尊严不再是大义灭亲、舍身救国；尊严也不是特权和专制。就个人而言，尊严是你让人尊重的言行；在商业中，尊严是你取得的结果和利益（当然是在合法条件下）。

尊严首先是对自己的承诺负责。比如，我计划在 30 天内自学完一本书，当期限到了，我没有完成，那我就失去了尊严。这样似乎言重了，但仔细想想，当你对自己都不负责的时候，你又如何对别人和工作负责，你又如何得到别人的尊重？所以这是最起码的。

这几天来，每当我想起这句话，我一定会完成自己许下的承诺。

不如每次给自己定的计划低一点，或者不对自己做出任何承诺，那我就没有这个烦恼了，那我就不会没有尊严了。呵呵，听起来很不错噢。

“没有什么比自由更值得负责任的了！”重重一棒下来，我还敢那样想吗？没有人能对我的自由负责，只有我自己。

我想要有好工作，我想要有高工资，我想要父母安享晚年，我想要旅游，我渴望这些自由。

所以在年轻的大好时光里，在大学的黄金时间里，我还有什么理由推卸责任？

不是把一切写下来就都结束了，行动才能创造结果，结果才能赢得尊严。

结果心态三要素：心态如何决定行动

面对你想要的结果付出行动，在这条路上，也许你会面临险阻，你会遭遇磕磕碰碰，你会等待若干次失败的考验，但这都算什么呢？只要你坚守信念，勇敢面对，永不放弃，那么你就会看见风雨过后的彩虹。

吃了才知道梨子的滋味：结果心态的第一要素是行动思维

什么叫行动思维？我们新买一台电视机，会不会看完说明书之后再去看电视？通常不会。我们往往是接上电源以后先按播放键再说。按了播放键以后有问题，再去看说明书，这就叫行动思维。

结果心态的第一要素就是行动思维。我们在现实生活中，往往就是按这种行动思维做事的。

比如下班了，我站起来说：今天晚上我请大家吃饭。我们需不需要开个会讨论到哪儿去吃饭，吃什么菜？不会。通常的情况是，大家纷纷把电脑关了，然后边走边问，上哪儿吃？

行动思维和这种吃饭思维一样。先收拾东西走人，然后再问：到哪里吃？先有行动后谈目标。

为什么要先行动，再谈到哪儿去？

因为我们需要让大家感觉为真。什么叫感觉为真？当我请你吃饭的时候，我把东西收拾好，你把东西收拾好，我们走出去了，这就是真。什么情况下说请你吃饭是假？说请你吃饭，我半天不动，甚至你动了我还不动，这保证多半是假。

用行动思维解决问题，不是找最好的方法，而是找最快的立即见效的方法。比如，我们买了新手机以后，一定会把说明书搁在一边，先看自己会不会用，就算不会用，也不一定先去看说明书，而是先问卖手机的人，让他们告诉我们各种功能。

这个过程有点儿像吃梨。无论你怎么研究梨的分子结构，如果你不亲自吃，你就永远不知道梨究竟是什么滋味。所以在执行的意义上，学问不是第一位的，实践才是第一位的，凡事都要亲自做一遍。如果你不吃梨，你就不知道梨是什么滋味。

用 80 美元周游世界：结果心态的第二要素是合作

这是一个真实的故事。

有一位叫罗伯特·克里斯托弗的美国人，想用 80 美元来周游世界，他坚信自己能如愿以偿。于是，他找出一张纸，写下他为用 80 美元周游世界所做的准备：

1. 设法领取到一份可以上船当海员的文件；
2. 去警署申领无犯罪记录证明；
3. 取得 YMCA（美国青年会）的会籍；

4. 考取一个国际驾驶执照，找来一套世界地图；

5. 与一家大公司签订合同，为之提供所经国家和地区的土壤样品；

6. 同一家航空公司签订协议，可免费搭机，但要拍摄照片为公司做宣传；

……

于是，当罗伯特完成上述的准备后，年仅26岁的他就在口袋里装好80美元，兴致勃勃地开始自己的旅行。以下是他旅行的一些经历：

1. 在加拿大巴芬岛的一个小镇用早餐，条件是为厨师拍照；

2. 在爱尔兰花4.80美元买4箱香烟，从巴黎到维也纳，费用是送船长1箱香烟；

3. 从维也纳到瑞士，列车穿山越岭，只需4包香烟；

4. 给伊拉克运输公司的经理和职员摄影，免费到达德黑兰；

5. 提供给泰国酒店老板某一地区的资料，受到酒店贵宾式的待遇；

……

最终，通过为达到目标而设置的一系列巧妙的计划，罗伯特实现了他用80美元周游世界的梦想。

罗伯特·克里斯托弗在这里实现了一个似乎不可能实现的目标，很重要的一点，就是他不是把结果仅仅定义于自己的能力上，而是把结果定义于与他人的合作上。对于大部分目标来说，靠自己的力量，大多是不可能完成的，但超越自己，借力打力，我们就可以创造奇迹。

成功需要百折不挠的心：结果心态的第三要素是永不放弃

曾经，有一个年轻人去见一位智者。

“请问，怎样才能成功呢？”年轻人恭敬地问。

智者微微一笑，递给年轻人一颗花生：“它有什么特点？”年轻人愕然。

“用力捏捏它。”智者说。

年轻人用力一捏，当然被他捏碎的是花生壳，留下了花生仁。

“再搓搓它。”智者说。

年轻人照着智者的话做，花生红色的皮也被搓掉了，只留下白白的果实。

“再用力捏它。”智者说。

年轻人用力地捏，但是花生仁还是没有被捏碎。

“用手搓搓看。”智者说。

当然，什么也搓不下来。

“虽屡遭挫折，却有一颗坚强的百折不挠的心。这就是成功的秘密。”智者说。

成功的秘诀之一，就是拥有一颗坚强的百折不挠的心，勇敢、坚持不懈地游向成功的彼岸。

面对你想要的结果付出行动，在这条路上，也许你会面临险阻，你会遭遇磕磕碰碰，你会等待若干次失败的考验，但这都算什么呢？只要你坚守信念，勇敢面对，永不放弃，那么你就会看见风雨过后的彩虹。

03 行动决定结果

请给我结果

- 行动才能出结果
- 0.1 ＞ 0——立即行动，速度第一
- 行动时请注意：重点只有一个
- 行动时，不要给自己太多借口

行动才能出结果

商业底线告诉我们一个重要的“结果原理”：我们靠结果生存。没有结果的努力是无用功。没有结果，意味着我们将重新回到起点，一切都要从零开始。只有抓住结果，才能实现我们的预期。但结果从哪里来？行动不一定有结果，但不行动就一定不会有结果。

结果来自行动

有一个落魄不得志的中年人天天做白日梦——沉浸在“运气好、中彩票、发大财”的幻想中。于是，他每隔两三天就到教堂祈祷，而且他的祷告词几乎每次都一样。

第一次到教堂时，他跪在圣坛前，虔诚地低语：“上帝啊，请念在我多年来敬畏你的份上，让我中一次彩票吧！阿门！”

几天后，他又垂头丧气地来到教堂，同样跪着祈祷：“上帝啊，为何不让我中彩票？我愿意更谦卑地服从你，求你让我中一次彩票吧！阿门！”

又过了几天，他再次出现在教堂，同样重复他的祈祷。

如此周而复始，不间断地祈求着。

直到有一天，他跪着："我的上帝啊，为何你不曾聆听我的祈祷呢？就让我中彩票吧，只要一次，仅此一次，让我解决所有困难，我愿终身侍奉你……"

就在这时，圣坛的上空发出一阵庄严的声音："我一直在聆听你的祷告，可是——最起码，你也该先去买一张彩票吧！"

事后，有人问他："你为什么不买彩票啊？"

他说："我买过，但是从来没中过奖。"

"那你为什么还要祈祷？"

"因为我要等上帝回答我！"

行动不一定有结果，但不行动一定不会有结果。无论你如何思考，无论你思考了什么，也不论你思考的水平有多高，都不可能通过思考获得结果——执行能力，它永远只能从行动中获得，不可能通过思考获得。

执行最基本、最本质的东西，就是这么简单：想要结果，首先要行动。如果没有行动，上帝也帮不了你。

坐着不动，永远也赚不到钱

有一家大型贸易公司正好赶上周期性的贸易淡季。

从年初到 7 月份时，该公司的贸易额连续下降了十几个百分点，业务员们都变得动力不足，老板想了很多激励办法，结果都是效果不佳。公司终日陷在现金流危机之中，老板每天都愁眉不展。

8 月底，公司举办了一次国际性的大型贸易促销会，老板希望对公司有所帮助，但也是一场更艰巨的挑战——如果在这次贸易促销会上不能签订几个“救命”的大订单，公司到年末恐怕要面临破产的危机。

在促销会开幕前两天，老板决定在全公司开一次“动员大会”做最后的鼓动。

在“动员大会”临近结尾的时候，老板请在座的经理和业务员们全都站起来，寻找一下，看自己的座椅下面有什么东西。

于是，每个人都非常惊奇地在自己的椅子下面发现了一枚硬币。

在大家惊讶过后，这位老板对大家公布了一个出乎意料的统计结果——在场的每个人至少都捡到了一枚硬币，最多的人甚至拿到了100美元。

这时，老板说：“这些钱都归你们，但你们知道这是为什么吗？”

大家面面相觑，没有人能猜出为什么，全场的人都在窃窃私语，摸不着头脑。

最后，老板严肃以对：“我只想告诉大家一件事——坐着不动是永远也赚不到钱的，我需要你们擦亮眼睛，去发现隐藏在你们身边的商机。”

话音一落，全场立即响起了雷鸣般的掌声。

最终，在那次国际性的大型贸易促销会上，这家贸易公司的签单额遥遥领先。那天，公司里的业务员几乎都挖尽了促销会上他们所能获得的商机。

行动不一定成功，但是不行动一定不会成功。有很多人就是因为行动不一定成功，所以就不行动。

行动起来才能成功，生意是不会送上门来的。

伊利诺伊理工学院是如何创立的？行动起来，你也有 100 万美元

一天，有一位在读大学的青年，向校长提出了若干改进大学制度弊端的建议。但是最终，他的意见没有被校长接受。于是，他做了一个重要决定——自己办一所大学，他要自己来当校长，以消除这些弊端。

在当时，办学校至少需要 100 万美元。

这可是一笔不小的数目，上哪儿找这么多的钱呢？等到毕业以后再挣？那太遥远了。

他将自己封闭起来，每天都待在寝室里苦思冥想如何能赚 100 万美元的各种方法，坚信自己可以筹到这笔钱。面对他的妄想，同学们都认为他有神经病，劝说他天上不会白白掉钱下来。

终于有一天，他意识到，这样下去是永远也不会有答案的，决定不再思考，而是付出行动。于是，他采用一个在前些日子里想出的计划，决定给报社打电话，说他准备举行一个演讲，题目是《如果我有 100 万美元》。

他给无数家报社打了电话，说明他的想法，但是没有一家报社理他，更有一些报社取笑他“无知”、“天真”。最后，终于有一个报社的社长被他的诚意和精神打动，告诉他后天有一台慈善晚会，他被允许在晚会上发言，但时间只能是 15 分钟。

那是一场盛大的慈善晚会，吸引了许多商界人士。

面对台下诸多成功人士，他鼓起勇气，走上讲台，发自内心、充满

激情地说出了自己的构想。

最后，待他演讲完毕，一个叫菲利普·亚默的商人站了起来："小伙子，你讲得非常好。我决定投资100万美元，就照你说的办。"

就这样，年轻人用这笔钱办了一所自己梦寐以求的大学，起名为亚默理工学院——也就是现在著名的伊利诺伊理工学院的前身。他实现了自己的梦想。

而这个青年，就是后来备受人们爱戴的哲学家、教育家——冈索勒斯。

心态决定行动，行动决定结果。如果说敢想是成功了一半，那么另一半就是去做。

首先，冈索勒斯不是"想要"一个结果，而是"一定要"这个结果，他坚信办学的梦想一定会实现，这已经是成功的第一步了。但是，每天苦想如何筹备资金并不是解决之道，苦想出多少的好方法都无济于事，因为不行动，再多的思考也不能获得我们想要的结果——筹集足够的金钱。但当他鼓足勇气，当他站出来，将自己的想法付诸行动，他获得了认可，他成功了。

有时，成功就是如此简单，大胆行动，付出行动，过多地犹豫反而会成为你的阻碍，只有行动了你才能看到事情的结果。

从现在开始，立即行动，现在就去行动，并且要持续不断地行动，相信自己，你才会走向成功。

0.1>0——立即行动，速度第一

执行就是要结果，一个差的结果也比没有结果强。有了0.1，就有0.2，0.1永远大于0。而完美的结果，永远是长期努力的结果。不要犹豫，立即行动，速度制胜。

“坐着不动永远也赚不到钱”，所以要行动。但与此同时，要想将成功率增大，就要尽可能地在最短的时间里采取最多的行动。这就意味着，在执行的过程中，我们除了要把握“行动”之外，还要切记“速度制胜”。为了100而放弃0.1，结果得到零，追求完美，那是执行的敌人。

蜜蜂和苍蝇的不同选择

科学家们曾做过这样一个实验。

在只有窗户打开的半密闭的房间里，将6只蜜蜂和同样数目的苍蝇装进一个玻璃瓶中，把瓶子放平在桌上，瓶底朝着窗户。

然后，观察蜜蜂和苍蝇会有什么样的举动。

科学家们发现，蜜蜂们会不紧不慢地在瓶底徘徊，认为能找到出口，直到它们力气用光之后倒下或饿死；而苍蝇们则会不停地在瓶中“横冲直撞”，它们在瓶中的飞行速度明显高于蜜蜂，不到两分钟，它们穿过另一端的瓶颈逃之夭夭。

蜜蜂们以为，囚室的出口必然在光线最明亮的地方，一定会找到出口。于是，它们不紧不慢地行动着，等待它们的结果是死亡。而苍蝇们却成功地逃离了，这并不在于它们有什么特长，也不在于它们的智商水平的高低，关键在于它们不断地“横冲直撞”，在于它们懂得快速行动、求得生存。

行动就会有收获，行动就会出结果，但快速的行动，更能保证我们得到想要的结果。

要想取得结果，就要付出行动，而最重要的是，要在最短的时间内付出行动，速度第一。因为面对生存问题，我们没有多余的时间。

一个差的结果也比没有结果强

有这样一个故事。

一位老和尚，他身边有着一帮虔诚的弟子。

这一天，他嘱咐弟子每人去南山打一担柴回来。弟子们匆匆行至离山不远的河边，人人目瞪口呆。只见洪水从山上奔泻而下，无论如何也休想渡河打柴了。

无功而返，弟子们都有些垂头丧气，唯独有一个小和尚面对师傅神态自若。

师傅问其故，小和尚从怀中掏出一个苹果，递给师傅说，过不了河，打不了柴，见河边有棵苹果树，我就顺手把树上唯一的一个苹果摘来了。

后来，这位小和尚成了师傅的衣钵传人。

这个故事非常有价值，我觉得它揭示了一个基本道理：执行就是要结果，一个差的结果也比没有结果强。

过去，我曾经很不理解国际上很流行的一句话："先开枪，后瞄准"。因为在我们的印象中，一直都是要"先瞄准，后开枪"的。

但惠普前总裁卡莉给我们上了一课。她上台之后，做的就是"先开枪，后瞄准"。

"先开枪，后瞄准"的逻辑，就是执行的一个最基本的逻辑：一个差的结果，也比没有结果强。所以，有行动能力的人永远都先走再说。

把信送给了加西亚，怎么样？拿到信就行动，有行动才有目标，没有行动，目标就没有了意义。

"不管黑猫白猫，抓住老鼠就是好猫"。社会主义和资本主义是有区别，但如果我们不抓老鼠，这种区别有意义吗？

"凡是决定了的，就是对的。"这是什么？这是《麦当劳七大方针》中的最后一条，也是麦当劳方针中最重要的一条。

所有这些都说明了一个基本的道理：哪怕是一个差的结果，都比没有结果好。

不要盲目追求完美

有个贵族拥有一张出色的檀木做的弓，用这张弓射箭又远又准，他非常珍惜这张弓。

有一次，这个人仔细观察他的弓，他想：这弓虽然好，但还是有些笨重，外观也无特色，要是请艺术家在弓上雕一些图案就好了。于是，他请了一位手艺人在弓上刻了一幅完整的行猎图。

当他欣喜地拉紧这张自认为完美无比的弓时，弓“咔”的一声断了……

盲目追求完美，可能会导致你只关注100，而忽略了0.1。我们常常会遇到这种现象，曾经为了追求100而放弃0.1，结果得到的却是零。无数的实践告诉我们：如果你总是追求完美的结果，多半你得到的是一个完美的借口或理由。

完美的结果，永远是长期努力的结果。如果要追求快速而有力地执行，我们就要习惯接受不完美的结果。

完美，是一个执行的陷阱。

比如，我们服务顾客，永远无法达到百分之百的客户满意度。但是虽然如此，我们却可以让客户更满意一点儿，然后努力、努力再努力。

我们经营公司，不可能一下就成为世界500强中的大公司，但至少我们可以不让公司亏损，然后再努力做到“致富”。

可是，假若有人说：“我们不能让顾客百分之百满意，所以干脆咱们不做了。”如果有人说：“既然我们不能发大财，那么这点儿小利也不要赚了。”

结果又会怎么样？

不言而喻，我们什么都得不到。哪怕一个差的结果都比没有结果强，有了0.1，就有0.2。

0.1永远大于0，这是一个最基本的数学原理，更是一个不需要证明的执行真理。

行动时请注意：重点只有一个

在解决问题的程序上，先从解决紧迫、最重要的事情开始，把这个事情解决了以后，再来一个一个地解决其他事。如果你一开始就全抓的话，反而解决不好。记住，重点只有一个。

戴尔的致富经

比尔·盖茨是世界上第一大富翁，但是比尔·盖茨不是最年轻的富翁，世界上最年轻的富翁是戴尔。

戴尔的经历非常有趣，他在中学的时候就喜欢利用假日打工赚钱。

他第一次做生意是给报社卖报纸，他发现一个窍门：找新搬家的人或新婚夫妇订报刊最容易成交。于是，他就到相关管理部门收集这方面的情报，然后就把报刊直接寄到这种人的手里，于是订单像雪片般飞来。

几年的打工经历，戴尔一共赚了 18 万美元。

有一次，戴尔的中学老师让学生们统计一下他们每年的“小金库”有多少钱。当老师看到戴尔的统计时，惊讶地问道：“小戴尔，你是不是忘记点小数点了？”戴尔说：“没有忘记，确实是那么多。”此时，老师的脸一下子就白了。因为在当时，美国中学老师的年薪大概是 4 万美元，而戴尔却有 18 万美元，你说老师听了这话后，脸能不白吗？

可见，戴尔从小就是一个挣钱的天才。

戴尔在 1984 年上大学之后，他发现新买的计算机很容易过时，但是过时之后，买一台新机器很贵。但是机器并非所有的原配件都过时，过时的往往是几个核心部件，把它们换成新的不就行了？

于是，戴尔就把零件买过来，然后挨家挨户发传单：如果打电话给我们，我们就上门升级你的计算机！结果，订单又像雪片一样飞来。

赚到很多钱之后，戴尔受到了“直销”赚钱的鼓舞，他装电脑的热情远远超过了上学。在大学一年级时，他就登记注册了“戴尔电脑公司”，全身心投入到自产（装）自销电脑上。

生意这样忙，戴尔自然就顾不上功课了，他的成绩急转直下。父母有所耳闻，立即赶到学校，只见戴尔的房间里全是电脑和零件。眼看儿子几乎被电脑“毁”了，二老大发脾气。戴尔劝解道：“别生气，你们的儿子正在和国际商用机器公司（IBM）竞争，不拼着干不行啊！”

虽然父母不住地摇头，但戴尔还是继续做自己的，到后来他干脆就退学了。

在一年之内，他搬了三次家，不是因为活不下去了，而是因为生意发展太快，刚刚把新房子租下来，人就坐不下了，不得不赶紧搬家。

戴尔公司创造了公司历史上的一个奇迹：连续 15 年利润每年增长 9%。到 2013 年，戴尔的营业额已经达到了 569 亿美元。而戴尔的个人资产总额早已突破 160 亿美元。

戴尔的生财之道是什么？什么是他的致富经？

那就是，他的重点只有一个：赚钱，成功！为此，戴尔、比尔·盖茨这些人为了赚钱，都是中途退学。那上完学再创业不好吗？戴尔、比尔·盖茨的经验告诉我们，上完学之后，多半就没有戴尔公司、微软公司了。

这就是聚焦，一段时间只做一件事，而为了这件事，其他的事都可以放弃，无论放弃的东西在外人看来多么有价值。

重点为什么只能有一个？

小张毕业后的五六年，几乎每年换一份工作。先是在办公室当文秘，一年后保健品很红火，就应聘到一家生物制药公司去当推销员，没干多久，保健品也干不下去了。

这时，有位朋友拉她去一家营销策划公司，月薪还不错，于是她第二天就去报到上班了。这回总算干满了一年，收入虽然比以前多了一些，但是离奔向“小康”还是有很大差距。

一次偶然的机会，小张又碰上一位已经开了一家小贸易公司的老同学，他正忙着从广东往北京倒腾一些热门商品，“钱”景诱人啊，正需要帮手。小张毫不犹豫就加盟了他的贸易公司。

半年后，公司生意转淡，于是小张又投奔了一家广告公司。没过多久，满街都是拉广告的业务人员，小张又决定去报社当记者……每次只要去别的公司能赚到比原先那家公司更多的钱，小张都会欣然前往。

这样折腾来、折腾去，也过了好多年，虽然小张也赚到了一些小钱，生活也得到了一些改善，可是每每静下来，小张却发现自己其实一事无成……

老同学聚会，很多在当年看来所从事的行业并不热门的同学，通过这些年的坚持与努力，如今在业界已经小有成就，他们开着自己的高档轿车来参加老同学聚会。

小张把这些变化都看在眼里，一种对未来的担忧从心中泛起，这些年没有重点、没有目标地工作，使她对人生与事业的概念日渐模糊，不知道自己除了想赚钱，是否还有其他事业的追求，将来怎么办?

对比一下戴尔、比尔·盖茨，表面上看，我们与他们的差距是财富，但比财富差距更大的，是我们的勇气与执着。

当你什么都想做，那大多数结果是什么都做不好。与其这样，还不如干脆只做一件事，慢慢地累积力量，总有一天会聚沙成塔。

体现重点的最简单的做法，就是每一段时间定一个主题，一切围绕主题做。也许有人会反对，事情都是相互关联的，光做一个主题是没有用的。但事实正好相反。在解决问题的程序上，先从解决最紧迫、最重要的事情开始，把这个事情解决了以后，再一个一个地解决其他事，会顺利得多。如果你一开始就全抓的话，反而解决不好。

行动时，不要给自己太多借口

当事情都做完了，无论你有一千个理由、一万个理由都不重要，重要的是这个事情的结果是什么！因为我们要牢记一个“结果原理”——我们是靠结果生存的，我们不可能靠理由生存。没有结果，我们就不能生存。

穷人：一千个穷困的理由

从前，有一个富人见一个穷人很可怜，于是，他大发善心帮助穷人致富。富人送给穷人一头耕牛，嘱咐他好好开荒，等春天来了撒上种子，秋天就可以远离贫穷了。穷人满怀希望地开始开荒。

可是，没过几天，牛要吃草，人要吃饭，日子比过去还难。穷人就想——不如把牛卖了，买几只羊，先杀一只吃，剩下的还可以生小羊，长大了拿去卖，这样，还可以赚更多的钱。穷人将计划付诸了行动。

只是，当他吃了一只羊后，小羊却迟迟没有生下来，日子又艰难了，他忍不住又吃了一只……穷人想——这样下去不行，不如把羊卖了，买成鸡，鸡生蛋的速度要快一些，鸡蛋立刻可以赚钱，日子立刻可以好转。

穷人将自己的计划再次付诸了行动。

但是鸡生蛋也很慢，挨饿的生活还是没有改变。于是，他忍不住杀了鸡，还剩最后一只鸡时，穷人感到他快要彻底崩溃了。他想，致富是无望了，不如把最后一只鸡卖了，打壶酒，三杯下肚，万事不愁。

很快，春天来了，发善心的富人兴致勃勃地送来了种子，赫然发现，穷人正在就着咸菜喝酒，牛早就没有了，家里依然一贫如洗。

我们很多人都有过致富的梦想，甚至有过很多机遇，盼望着成功，也付出过一定的行动，但为什么我们仍然贫穷？

在多数情况下，我们努力是因为我们对未来充满希望。同样，在多数情况下，我们放弃是因为找到了放弃希望的理由或借口。一旦找到一些理由证明失败的原因不在自己身上，我们就开始放纵自己的生命。

穷人永远有一千个穷困的理由。当他卖牛、卖羊、卖鸡的时候，其实他失去的并不是牛、羊、鸡等，而是他对未来的希望。与此同时，他收获了自己为什么穷的理由。

一旦穷也成为一种理由的时候，生命就失去希望了。

没有借口：给别人希望，不给自己后路

当我们在很努力地工作，可结果却不被公司或客户接受，这时，你可能会做出怎样的反应或给出怎样的解释呢？

“我已经按要求做了。”

“我已经站在你的角度考虑了。”

“我想……应该……”

或者“我已经尽了最大的努力了……”

但是，客户会退货，公司会严厉批评你，甚至处罚你。此时的你一定万分沮丧、不满——因为你也许已经付出了巨大的努力，你心里很委屈：没有功劳，也该有苦劳啊。

但是你是否想到，当你在为自己的努力、辛劳辩解的同时，问题的关键并没有消失：结果怎么样了？

当事情都做完了，无论你有一千个理由、一万个理由都不重要，重要的是这个事情的结果是什么！因为我们要牢记一个“结果原理”——我们是靠结果生存的，我们不可能靠理由生存，没有结果，我们就不能生存。

试想一下，假若你是一名士兵，假若你正处于战场之上，假若你收到一个最简单、基本的命令——坚守阵地（结果）。那么在这生死关头，你还能去哪里找理由？就算有成千上万个理由，又有什么意义？难道在战场上，会因为你看似合理的借口而允许你临阵脱逃？会因为你的理由，让敌人的大炮不向你开火？

战后，会因为你的理由，免除你的失职责任？请记住：结果就是结果，它不会因为你给出理由的多少、好坏而改变。在残酷的事实面前，任何理由都是借口。借口，会使你迈向死亡！

我的公司——锡恩公司在为客户执行咨询项目时，通常都会建议客户将一年中的两个月定义成“没有借口月”。

“没有借口月”，就是在这两个月内，只讲结果，不讲借口。这样做，也许强势了些，但执行最重要的就是行动，有行动不一定有结果，但没有行动注定不可能有结果。

我们建议，“没有借口月”的最佳月份，是财年开始的第一个月和结束月。第一个月是开端，良好的开端是成功的一半，而最后一个月是结果，一个良好的结果就是成功。

其实，具体选哪一个月并不重要，重要的是培养一种新习惯：如果不要借口，只要结果，我们的行为将会怎样？

真做到了这一点，执行力一定会有非常大的变化。因为我们很快就发现，其实真正要对目前执行问题负首要责任的，不是别人，正是我们自己。

懒惰的人为自己找到一个让自己懒惰的理由，于是他开始懒惰；

乞讨的人为自己找到一个乞讨的理由，于是他开始乞讨；

迷茫的人为自己找到一个迷茫的理由，于是他可以迷茫；

无知的人为自己找到一个无知的理由，于是他可以继续无知；

贫穷的人为自己找到一个贫穷的理由，于是他甘于贫穷；

懦弱的人为自己找到一个懦弱的理由，于是他选择懦弱！

可怕的不是懒惰，可怕的是我们为自己找到了一个懒惰的理由；

可怕的不是乞讨，可怕的是我们为自己找到了一个乞讨的理由；

可怕的不是迷茫，可怕的是我们为自己找到了一个迷茫的理由；

可怕的不是无知，可怕的是我们为自己找到了一个无知的理由；

可怕的不是贫穷，可怕的是我们为自己找到了一个贫穷的理由；

可怕的不是懦弱，可怕的是我们为自己找到了一个懦弱的理由！

04 如何建立一个强大的中层

请给我结果

决胜于中层：找准位置——从乘客到司机
归零心态：行动才能改变命运
没有最好，只有更好

决胜于中层：找准位置——从乘客到司机

当你是乘客的时候，你可以打瞌睡，你可以看外面的风景。但是当你是司机的时候，你会发现你的心境完全变了，你的眼睛会一直盯着前方，你不能打瞌睡，也不能随便看风景。

中层员工的位置在哪里？

太阳的表面温度约为 6 000 摄氏度，但是为什么它连地面上的一张纸都烧不着呢？原因很简单：

第一，它离这张白纸太远，距离越远，作用力就越小。

第二，它的大部分热量都被大气层折射和损耗掉了。

第三，它的能量太分散了。阳光普照的结果就是哪里都有阳光，哪里的阳光温度都不高。

但是，我们有办法让太阳把纸点着，靠什么？靠聚焦。我们用放大镜把太阳的光聚焦到一点，就可以把纸点燃。

如果我们把公司战略比喻成太阳，把客户价值比喻成纸，那么中层又是什么？中层员工在太阳面前，只有两种选择：要么做大气层，把高层战略的大部分热量都折射和损耗掉；要么做放大镜，把太阳的光芒聚集到一点，把纸点燃。

所以对于中层来讲，是做大气层还是做放大镜?

如何做放大镜，而不是做大气层?

首先，要找准位置，就是把放大镜和纸的位置搞清楚。放大镜与纸必须有一个恰当的距离，这样才能把纸点燃。员工首先要把位置找准，太远了不行，太近了也不行。

在你提拔一个中层经理的时候，最好细细观察一下他有没有这种现象：

第一，经常与下属肆意谈论上司。

第二，经常因为自己部门的问题而责难别人。

第三，经常认为部门的问题是别人的问题。

如果有这种现象，我们就可以简单地下一个结论：这个人虽然当了经理，但是心态还是一个基层员工。所以，大多数中层最大的问题就是：职位变了，但是思维还在基层员工的层次。

中层要找准位置，然而这个位置不是老板去帮他找，是自己给自己找。自己怎么找呢?就是从乘客变成司机，做员工是做乘客，而做经理是做司机。

当你是乘客的时候，你可以打瞌睡，你可以看外面的风景。但是当你是司机的时候，你会发现你的心境完全变了，你的眼睛会一直盯着前方，你不能打瞌睡，也不能随便看风景。

位置变了，眼光和心境都会发生相应的变化。但大多数中层经理在执行上犯的错误是：人是司机了，可眼光与心境还是乘客。如果你是司机，但你还停留在乘客的思维，那么无论你的水平有多高，你都不是一个好司机。

从这种角度出发，检验一个中层是否优秀的标准非常简单，就看他们的思维在哪个层次？比如如果你是人力资源总监，你的思维就应该在人力资源总监的层次，如果你还是以普通员工的思维看待人力资源工作，那你就不是一个合格的人力资源总监。

松下幸之助的管理之道

在松下幸之助创造的商业奇迹中，就体现了这种基本的中层原理。

1933 年 7 月，松下决定投资开发小马达。之所以要开发小马达，是因为松下发现家用电器中，使用小马达做驱动的电器越来越多。过去马达都是使用在大机器里，但是如今家用电器的现代化趋势，使得像电风扇这样的很多家电涌现出来，这些家电都需要用到小马达。

松下相信家用电器中大量使用小马达的时代即将到来，于是，松下幸之助就委任一个非常优秀的研发人员中尾，担任新产品研发部部长。

中尾接受任务后，带着部下买来的通用电气生产的小马达，着迷地进行拆卸与研究。

有一天，松下幸之助正好经过中尾的实验室，看到中尾如此认真地工作，松下非但没有表扬他，却狠狠地批评了中尾：

“你是我最器重的研究型人才，可是你的管理才能我实在不敢恭维。现在，公司的规模已经相当大了，研究项目日益增多，你即使一天干 48 个小时，也完不成那么多工作。所以作为研究部长，你的主要职责就是培养出10个，甚至100个像你这样擅长研究的人，我相信你能做到。”

松下为什么要这样讲？因为松下认为，中层应当做中层的事，而不是身为领导，却还在做技术人员的活。如果这种思维不转变，虽然中尾可以把电机研发出来，但是松下公司就永远做不成大公司。

然而，问题的关键在于：如果你是中尾的话，你是习惯培养100个像你这样优秀的人才，还是习惯整件事就靠你一个人搞定？当员工的时候，我们都习惯于什么事自己处理，然而当领导，却意味着从自己处理，变成领导和发展团队成员处理事情的能力，可这是不少中层经理最不习惯做的事情之一。

结果松下公司不仅研究出了开放型的三相诱导型电动机，而且还挤垮了日本最大的电动机生产厂家——百川电机。百川的老总来找松下说：“我是专门做马达的，你是做电器的。我做了一辈子马达，我有很多优秀的电机专家，可是你居然用三年时间就把我挤破产了。你推出的产品比我的技术水平高，也比我的更受市场欢迎，你是从哪里招来的专家打败了我？”

松下说：“没有，我的所有专家全是内部员工。我只是把更多员工变成了专家。你有几十个优秀的专家，却没有几百个优秀的员工，我正好相反。”

在松下的产品中，很少是松下自己发明的，松下有这样一个观念：我们做不了技术的第一，但是我们可以做比第一更快的第一。

因此，中层的首要问题就是一定要找准位置。做乘客，只对自己负责；但是如果你选择做司机，就要对全车人负责。而从一个员工做到中层经理，最大的变化就是从乘客变成司机。

在压力下成长，从乘客变司机

那么，怎么做才能从乘客变成司机呢？

有这么一个小故事。

从前，有一个人在高山之巅的巢穴里抓了一只幼鹰，他把幼鹰带回家之后就养在鸡笼里。从此，这只幼鹰和鸡天天吃在一起，玩在一起，慢慢地它以为自己就是一只鸡。

终于，等到这只鹰慢慢地长大了，那个人想把它训练成一只猎鹰，可是鹰已经搞不清楚自己到底是鹰还是鸡。它没有任何想飞的愿望。主人试了好多办法都毫无效果，最后主人把鹰带到山顶上，再一下子把鹰扔下去，这时这只鹰像一块石头似的直掉下去，慌乱之中它拼命地拍打翅膀，终于飞起来了。

所以说，如果没有一种拼命的环境，就不可能有拼命的人。

在我咨询过的众多企业中有这么一家企业，它曾经非常优秀，但是后来走了下坡路，产品销量一年不如一年。老总找到我们为他的企业做一个全面的诊断，于是，我把他的创业功臣们召集起来开了个会。

开会结束后，我把老总拉到一边告诉他：“其实解决你的问题特别简单。”

老总很惊讶地说：“怎么简单呢？”

于是，我就把“猎鹰与鸡”的故事说给他听。老总起初愣了一下，不过他很快就领悟过来了：

“对呀，原来问题就在于这些忠臣全都吃饱了！他们原来可是一分钱都没有，都是当地的农民，在他们没钱的时候与我一起创业，他们像一只老虎，像一匹狼。现在他们已经不需要捕猎，就可以拿到吃的东西了，所以斗志也就不足了。”

其实大部分企业的执行力问题，就是因为没有拼命的机制和环境。没有了拼命的机制与环境，人为什么要拼命？当人处于既得利益状态时，就会变得毫无斗志。只不过他们不会讲自己没有斗志，他们会告诉你：“这个市场已经饱和了，我们的产品质量太差了，我们的服务太差了……”

“我们的一切都太差了”，只有他自己不差。

我也曾经问过那位老总，问他当年创业的时候，产品的质量如何，售后服务怎么样。答案是所有过去的东西都比现在差很多，但是那时候企业做得很好，没有出现过像现在这样那样的问题。

那么现在到底怎么了？道理非常简单，就是因为鹰在鸡窝里养的时间太长了。

怎么办？如果是鹰，你就要把它扔下悬崖，逼它重新飞起来。否则鹰不拍打翅膀，它就要掉下悬崖了。在企业里，有时候也必须这样对待那些麻木的忠臣，特别是功臣，把他们扔下悬崖，逼他们重新飞起来。

鸡和鹰的唯一差别是什么？就是鹰被扔下悬崖可以飞起来。

归零心态：行动才能改变命运

如果没有这种“心态归零”的精神，无论你有多大的本事，都不能为公司实际创造价值。这是我们做事的底线，也是我们做事的基本原则。

农夫的梦想为什么永远是梦想？

从前，有个农夫，天天幻想着自己家里的仓库里粮食、棉花能够堆成山，他就可以收工当地主。

于是，有个同村人好奇地问这个农夫：“那你今年种了多少稻子？”

农夫回答：“没有，我担心今年下雨少。”

过路人又问：“那你今年打算种棉花吗？”

农夫说：“没有，我担心虫子吃了棉花。”

于是，过路人又问：“那你种了什么？”

农夫说：“什么也没种，我要先打扫仓库。”

故事里的农夫的梦想虽然好，但是他却没有为实现梦想做出行动，拿出结果。我们经常会笑话农夫不懂得“结果”这一基本的生存底线，不懂得行动才有结果，但我们的员工又有多少真正懂？

有的员工，趁公司在某些工作的分工上无法进行明确的考核，就浑水摸鱼回避工作的结果；另外还有一些员工，借口工作头绪太多无从开工，每天推卸责任。

我们当中的很多人不懂、不会或者不甘于让自己进入一种“卖白菜”的心态中。事实上，科学上的发明、创造和“卖白菜”这种商业行为，在“结果心态”上的基本原理都是一样的。

中国人能不能创造一个微软？

IT 业曾有这样的传言——中国人做不了大软件。

事实上，美国硅谷软件研发的人才中中国人占很大部分，但全世界的大软件公司却都不是中国人做的。

为什么中国人做不了大软件？因为中国的程序员都过于聪明。做一个形象的比喻，他们中没有一个人愿意去逐一地“数数”——“1、2、3、4、5、6、7、8、9、10”。当他们看见“1、2”时，往往就已经看见了“10”。于是，他们觉得不需要去数中间的“3、4、5、6、7、8、9”，直接就去做“10”应该做的事情。

这样做可以吗？当然可以，但在这种基础上却造就了只能做小软件，不能做大软件——因为所有的大软件都是由“1、2、3、4、5、6、7、8、9、10”中的每个元素构成的。

如果我们要想做出伟大的软件，那么我们就需要这样做事：老老实实、认认真真，按照流程与程序，一步一步实现结果。

在这里，我给大家讲一个真实故事。我们在一家公司碰到这样一位经理，他是博士毕业。在一次月底的总结会议上，他汇报工作的时候，开口闭口就是“所有”、“大概”……接着就是他滔滔不绝、半个小时的“演讲”，听得我们一头雾水，不知其意。

其实，“所有”、“大概”这样的词一出口，就错了。比如，“所有”这样一个词所包含的范围，是一个很含糊而宽泛的区域。他所说的与听众想的，可能并不完全是一回事。所以在讨论中用“所有”、“大概”这类词是极其不科学的。

由此可以看到，即使是读到博士学位的人，如果他的“头脑”里建立不起来对基础的理念、基本的思路的敬畏，和对事实和数据的严谨科学精神，心态不能归零，他的工作实际上也会增加企业的管理成本，阻碍企业的发展。

这就是为什么任何员工进入公司都要将心态放低的原因，这也是“商业心态”的表现。

你有多大学问并不重要，重要的是你要给你的客户、你的同事一个明确的结果。否则，无论你有多大的本事，都不能为公司创造实际价值。

这是我们做事的底线，也是我们做事的基本原则。但是，这些也恰恰是中国大多数企业非常缺乏的精神，这种精神的缺乏导致在中国企业中管理成本很高，管理次序混乱。

没有最好，只有更好

在世界的体育大赛中，永远都是第一名的天下，哪怕第二名与第一名只差 0.1 秒。但是，在成功者的字典里，永远没有“最好”，只有“更好”。

只有第一，没有第二

世界的体育大赛永远都是第一名的天下，哪怕第二名与第一名只差 0.1 秒。

让我们来看看 2004 年雅典奥运会的金牌排行榜：美国第一、中国第二、俄罗斯第三。

排名	国家 / 地区	金牌	银牌	铜牌	总数
001	美国	35	39	29	103
002	中国	32	17	14	63
003	俄罗斯	27	27	38	91

虽然以奖牌总数计算，俄罗斯比中国多了 29 枚，但是中国的排名反而在俄罗斯的前面。这是为什么？

因为我们是按金牌，也就是按第一名总数来排名。

这是一个真实的数据。

2001 年，戴尔公司的外设事业部的销量增长了 16%，比其他公司的增幅都大，但是这个事业部的总经理格罗夫却被降职了。

2003 年，戴尔公司的销售收入超过 354 亿美元，戴尔立即宣布：2006 年的销售收入要达到 600 亿美元，必须 3 倍于市场平均增长率。

戴尔规定员工在完成指标后的庆贺不允许超过 5 秒钟，而且 5 个小时之内必须拿出新的目标和计划。

这就是戴尔，永远把自己的目标放得更高，永远把自己置于一种拼命的状态。戴尔是如何培养他的员工的？把每一次任务都当作参加奥运会，只有第一，没有第二。

戴尔为什么要求公司如此快速增长？

就是因为戴尔知道自己没什么独特之处，既没有 IBM 那么悠久的历史和品牌，也没有惠普那么多优秀的科学家和优秀的技术能力。但是戴尔可以做到一点：比别人更快、更凶、更狠。

结果是，戴尔在个人计算机销售量上，已经超过了 IBM、惠普和康柏，戴尔已经连续三年都是全球第一名。

超越期望，达到最好

长江商学院有一位教授写了一篇文章，提出的战略就是“三做”：想做、可做与能做。

我第一次听到这种“三做”的说法时，是在为客户做行业研究时，听客户谈到的。当时也不甚在意，但随着项目的深入，客户方不论高层还是中层越来越多地提到“三做”理论时，不得不引起我的注意了。

“三做”理论是什么意思呢？

意思就是，一家公司要做业务的时候，首先考虑想不想做，然后看可不可以做，最后看能不能做。这三个东西的交叉点就是公司的战略。用长江商学院这位教授的话讲：“想做”是指企业的愿景，“可做”是指达到愿景的路径，“能做”是指企业有能力去实施。三者的交集就是企业的战略。

这个“三做”理论似乎很完善——有发展愿景，有可选择的道路，有依据自身能力所做的选择。但随着项目的深入，我们发现这些到企业那里却成了讨价还价的借口。

第一，成为客户上下级之间讨价还价的借口。总经理要下达目标，请先告诉我能不能做，如何做到。能做的，我就去做；不能做的，对不起，我不做或者是降低目标。

第二，成为客户管理层与我们咨询顾问讨价还价的借口。客户问我们最多的问题是：我的能力在哪里？你建议的超出行业平均水平的增长目标虽然很有道理，但我能不能做到？你要告诉我怎么做。

言下之意就是，我不想做或者如果你不告诉我怎么做，我就不做。

我们可以看到，找到一个冠冕堂皇的理由，在理论上毫无困难。但是我们能看到他们背后最真实的东西：整个行业的增长率是30%，而这家公司却只增长了15%，他们还要问“可不可以做，能不能做”。这就好像猎鹰在鸡群里面讨论自己“可不可以飞，能不能飞”。

猎鹰应该在哪里讨论可不可以飞，能不能飞？当然是天空。

当一家公司的增长率还不到整个行业增长率的一半，管理层还要讨论“可不可以做，能不能做”，这是不是一个借口？

其实，这家公司所讲的“三做”理论的背后实质是他们的惰性思想、保守、不愿承担风险：从自我出发——我能做的，才有可能是我的战略；从避免风险出发——我只做我有把握做的。

事实上，从客户最近几年的发展就可以看出——企业增长速度远远落后于行业增长速度；产品结构日趋老化；部分员工安于现状，自我感觉良好。这些问题完全是由这种“三做”理论造成的，在我看来，在这种情况下的“三做”理论就是惰性思想。

我们的目标是帮助客户赚钱或发展，如果客户赚钱或发展的意愿不强，那我们就逼着他们赚钱或发展。赚钱就是硬道理！

接下来，我们就与他们一起讨论戴尔：

戴尔如何用15年时间就进入世界500强企业排名？因为戴尔的平均增长率是行业平均增长率的3倍；国内企业的榜样海尔，为什么能够在1993~1998年的5年间，从60亿元做到600亿元，几倍于行业的增长率？联想为什么能够从1994~1999年，在5年内从60亿元做到300亿元，几倍于行业的增长率？

任何优秀的公司，如果想保持优秀，就一定要比行业增长速度快。

那么，什么才是超越期望？

就是如果股东要求你的公司的回报率是1，你就要做到1.5；如果老总对你的要求是1，你就要做到2。这就是管理者的使命。

05 锁定责任，才能锁定结果

请给我结果

锁定责任
让你的时间守恒：不要把力气花在说教上
永远做重要而不紧急的事
如何授权与受权
学会监督和检查

锁定责任

始终锁定你肩上的责任。凡是有计划的就一定要有结果，哪怕是阶段性的结果。当责任变动时，也要让对方清楚——责任已经跳到了你的身上。

责任是一只猴子

闭上眼想想，我们是不是常常会碰到这样的情况：

每天，当你推开公司大门时，有一位员工迎面上来问："你昨天布置我们做的事，现在出了一点儿问题，你看这个事情怎么解决？"

在通常的情况下，你会如何回答？比较常用的回答方式是两种：一种是，"我想一想，一会儿再告诉你"；另外一种是，"这件事应当如何如何处理"。

我们每天都会碰到大量的这类情况，但你想过没有，这可能是一场不知不觉的"阴谋"，这场阴谋的名字叫"逃避责任"或"回避风险"。

让我们来分析一下。

如果把责任比喻成一只猴子，在你进办公室之前，所有应当完成的工作都应该是布置好的。每人有每人的工作，每人有每人的责任，但是在下属请示你之后，情况发生了什么变化呢？

你会发现在大多数情况下，猴子跳到了你的身上。比如，下属请示你的时候，如果你的回答是第一种："我想一想，一会儿再告诉你。"那么半小时后，你会发现这个下属就站在你的门口，敲你的门："领导，这个问题你考虑得怎么样了？"

注意，本来这个问题是需要他解决的，应当是你去检查他完成得怎么样了，可现在是什么情况呢？现在是他来问你："你考虑得怎么样了？"

第二种情况下，又如何呢？

几天之后你过去检查结果，发现出了问题，于是你很不高兴地问："这个事情你怎么做成这个样子了？"员工也会很快回答你："那不是你告诉我这样去做的吗？"

在这种情况下，是你领导他，还是他领导你呢？或者说是你管理他，还是他管理你呢？

我们每一个人的本性里，始终都在重复一个主题，这个主题就是"回避风险"。而责任是一只猴子，如果你不懂得如何回答下属的请示，一转眼之间，责任这只猴子就会跳到你的身上。

为什么在企业中，位置越高越忙碌，你不再有上下班时间，不再有周末，不再有假日？原因就在于，责任这只猴子全在你身上。

销售业绩下降，因为俄罗斯的矿山爆炸了？

所谓责、权、利对等，无非是讲猴子原来在谁的身上，它就应该在谁的身上，不允许它在组织内跳来跳去。如果领导者不懂得如何锁定责任，责任这只猴子就会在公司中跳来跳去，最后导致责、权、利的混乱。

为什么当领导的总是没时间，而下属总是没工作？原因就在于猴子都从下属身上跳到了经理的肩上。谁应当对此负责，下属还是经理？

我觉得主要的责任应当由经理承担。下属提问是正常的，猴子跳到了上司的肩上，是因为上司不懂责任的归宿。

如果有一家公司得出一个结论，销售不好是因为俄罗斯的矿山爆炸了，你一定会觉得很荒唐，但下面这些对话我相信你一定不会陌生：

营销部门经理说："最近销售做得不好，我们有一定责任，但是最主要的责任不在我们，竞争对手纷纷推出新产品，比我们的产品好，所以我们很不好做。"

研发部门经理说："我们最近推出的新产品是少，但是我们也有困难呀，预算太少。"

财务部门经理说："是，我是削减了你们的预算，但是你要知道，公司的成本在上升，我们当然没有多少钱。"

这时，采购部门经理说："我们的采购成本是上升了10%，为什么，你们知道吗？俄罗斯的一个生产铬的矿山爆炸了，导致不锈钢价格上升。"

"哦，原来如此呀，这样说，我们大家都没有多少责任了，哈哈。"

总经理："这样说来，我只好去考核俄罗斯的矿山了。"

结果是：销售不好，是因为俄罗斯的矿山爆炸了。

这样一些荒唐的故事，之所以会发生在我们身边，原因就在于每个人的本性中，始终在重复着一个永恒的主题：回避风险。因此，管理"责任”这只猴子的第一法则，就是锁定责任：猴子原来在谁的身上，无论有什么变化，它都应该被锁定在原来责任人的身上。

就像这个故事中的情景一样，销售部销售不好，责任在产品；产品不好，责任在预算；预算之所以少，是因为成本高，赢利少；而成本之所以高，是因为采购；采购成本高则是因为俄罗斯矿山爆炸。

每个人都可以把理由往别人身上推，每个人都能够在别人那儿找到借口，可我们有没有想过一个基本的问题：如果我们的产品比任何竞争对手都强大，如果我们的产品没有任何问题，那么这个世界还存在“营销”这个词吗？

为什么同样的产品，在不同人的手里会有不同的结果？我们是否真的能够十分清楚地说出，宝洁的洗发水和索芙特的洗发水有什么明确的区别？或许很多人都不能，但是在消费的时候我们却毫不犹豫地选择了自己心目中的品牌。为什么几乎差不多的产品在不同的公司，在不同人的手中会有不同的结果？

结论只有一句话：做得好的公司，猴子各就各位——员工勇于承担责任；做得不好的公司，猴子上蹿下跳——员工相互推卸责任。

锁定猴子，解铃还须系铃人

如何锁定猴子？入口在哪里呢？

解铃还须系铃人。我们首先要懂得下属做事的方式，才能够防止他们的猴子跳到我们身上。一般说来，员工有 5 种工作方式：

1. 等着做。

2. 问着做。

3. 提出建议，等着结果再做。

4. 主动做，边做边汇报。

5. 主动做，然后按程序汇报。

如果你想尽量让猴子待在下属身上，那么你就要尽力消除第一种和第二种情况。在“等着做”或“问着做”的情况下，猴子最有可能跳回自己的肩上。

在这一点上，海尔是一个榜样。

海尔电冰箱厂有一个五层楼的材料库，这个五层楼一共有 2 945 块玻璃，如果你走到玻璃跟前仔细看，你一定会惊讶地发现每一块玻璃上都贴着一张小条。

小条上的内容是什么？原来每个小条上印着两个编码，第一个编码代表负责擦这块玻璃的责任人，第二个编码是谁负责检查这块玻璃。

猴子在谁的身上？海尔在考核准则上规定：如果玻璃脏了，责任不是负责擦的人，而是负责检查的人。如果玻璃脏了，责任这只猴子锁定于检查的人身上，而不会被推卸到擦玻璃的员工身上，绝对不会发生猴子上蹿下跳的现象。

这就是海尔 OEC 管理法的典型做法。这种做法将工作分解到“三个一”，即每一个人、每一天、每一项工作。海尔冰箱总共有 156 道工序，海尔精细到把 156 道工序分为 545 项责任，然后把这 545 项责任落实到每个人的身上。

在海尔，大到机器设备，小到一块玻璃，都清楚标明事件的责任人与事件检查的监督人，有详细的工作内容及考核标准。如此形成环环相扣的责任链，做到了“奖有理、罚有据”。

这种管理的核心是，我们不再去想个人工作态度如何，我们要把责任锁定，即使是一个简单的擦玻璃的工作，也要明确指定两个责任人，各自有各自的明确责任。

凡事都要做到“责任到人”。“人人都管事，事事有人管”，这就是海尔能够成为中国企业榜样的重要原因。哪怕是车间里一扇窗户的玻璃，其卫生清洁也有指定员工负责擦，也有指定的员工负责检查，更何况海尔的生产、销售？

责任锁定，首要的是锁定猴子的归宿。

始终锁定你肩上的责任。凡是有计划的就一定要有结果，哪怕是阶段性的结果。当责任变动时，也要让对方清楚——责任已经跳到了你的身上。

让你的时间守恒：不要把力气花在说教上

你与下属的时间在总量上几乎不变。下属占用你的时间越多，你的时间就越少；你的时间越少，你对组织的贡献就越小。

时间守恒定律

时间是守恒的，你与下属的时间在总量上几乎不变。下属占用你的时间越多，你的时间就越少；你的时间越少，你对组织的贡献就越小。

因此，如果你是一位主管，却整天在帮助下属解决问题，特别是大多数应当由他们自己解决的问题，那么你实际上就是一个员工。主管对组织的贡献体现在对组织目标的贡献上，而不是在代替下属完成工作上。

所以你要记住，必须争取扩大自己自由支配的时间，你才有足够的时间来关注团队的目标，而不是某个人的目标；才有足够的时间来关注团队的士气，而不是某个人的士气。

争取你的自由时间最基本的办法，就是不要让员工占据你的时间。如何不让员工占据你的时间？关键是让他们学会自己处理问题，而不是把你当成保姆。所以你要小心，如果员工不管大事小事都问你，那说明你是保姆，而不是领导。

学会主动、独立地做事

不当保姆，就必须让下属学会独立做事。如何独立做事？就是让员工先学会主动。在刚才谈到的员工的5种工作方式中（等着做；问着做；提出建议，等着结果再做；主动做，边做边汇报；主动做，然后按程序汇报），要让员工做事，就要帮助员工学会只能用后三种做事的方式：第一种方式，提出建议，主动做；第二种方式，主动做，边做边汇报；第三种方式，主动做，然后按程序汇报。

那么，又如何让员工学会主动做事呢？回答是流程。所谓流程，就是事先做什么，事中做什么，事后做什么。

要把说的变成做的，流程是唯一有效的途径。以采购为例，采购之前要做什么？首先要确定标准，然后找到尽可能多的供应商；根据确定的供应商标准，比如样品初检、报价、质量、交货期等列一个单子；然后把供应商在同等情况下评分选择；最后通过对比，确定三家供应商。

在确定三家之后，原则上以一家为主，另外两家为辅，按一定比例采购。这样一旦其中任何一家出问题，我们可以有相应的应对措施。

有了这一套流程，你就可以大胆鼓励员工主动做事，甚至边做边汇报，越是有规则，员工就越是有做事的自由。因为有了流程，你就可以通过流程来检查他在关键点上做得怎么样。这样既保证了你从组织目标上对事情进行结果的控制，同时又使员工自己照顾自己肩上的猴子。

反过来，什么是主动性的敌人？含糊。做之前信誓旦旦，过程中含含糊糊，做完之后必然是：做得好大家争功，做不好相互推卸责任。

不当保姆还需要你做另一个努力，就是要在被下属提问的时候，永远保持猴子在他的身上。当领导的，不太可能不回答下属的问题，问题的关键在于你如何回答。

谁来决定项目价格？

给大家举一个真实的例子。锡恩公司曾经碰到了一个咨询项目的价格问题：原来都谈好了，比如说价格是80万元，两个月完成，这个客户突然打电话对我们说80万元太贵了，只能出60万元，于是下属找我："你看看这事怎么处理？"

我们首先分析一下，为什么这个下属要问你？

道理很简单，所有下属向上级提出的问题中，都包含着两个非常基本的目的：一个是寻求解决答案，一个是推卸责任。如何既提供了解决方案，又让他们自己承担责任？

问题难就难在，解决方案与责任是联系在一起的。既然是你提供的方案，你在道义上不可能不承担责任，这是一方面。另一方面，就项目管理体制来讲，项目经理本身就有权对他自己所涉足的项目金额进行一个判断，或者说做决定。因为我们施行的是项目管理制，项目经理的谈判力越高，他就能够把项目金额谈得越高，一个项目的成功，不仅在于你有专业能力，更在于你必须有管理能力，这样才能做好。

这种时候，你如果指导他，说应当怎么谈。如果把这件事谈下来，会是一个什么样的结果呢？

谈下来之后，他们又会提出新的问题："我们按照你的方法谈下来了，但我们跟对方的很多条约里，对方又提出新的东西，你看对这些新问题，怎么办？”

接下来，你发现自己每天都在疲于奔命，一个项目、一个项目地去帮助他们做，最后变成什么呢？最后变成你累得要死。

我们最好的办法，就是提供解决问题的战略方向与原则，具体的方案要让他自己想，这样才能获得双赢。按照这种方式，来看上面这个问题。好的解决问题的办法是什么呢？

你可以反问他：一个项目报价的依据是什么？你的原则是什么？你为什么要报 80 万元？你的依据背后的原则是什么？

毫无疑问，所有商业报价的基本原则都应当是客户价值。好，既然我们给客户提供的是价值，那么给客户报的价，就应当对应相应的价值。

所以，最重要的是你与客户讨论价值。对于项目价值，当领导的肯定不如负责项目的人知道得清楚。你们之间的谈判，真要谈的不是价格，而是价值。你认为能为客户提供什么样的价值？反过来，客户认为你提供的东西是不是真的值？

如果你把这个沟通好了，第一，客户一定会根据价值来付费。因为客户请一个公司，他不是说拿钱来评价你的水平，他是要获得实实在在的利益回报。只要产出大于投入，我相信客户不会不做这个生意。

就像你买东西一样，你愿意花少的钱买一个你不满意的东西呢，还是愿意花更多的钱买一个你非常满意的东西？我们都知道，要买一个非常满意又非常好的东西，一定要支付更高的价格。

那接下来就是一个价值谈判了，你要不断地把你的价值提高，重要的是帮助客户体现价值，反过来就是对你提出了很高的要求，而不是仅仅锻炼谈判技巧。

当然，谈判是需要技巧的，但是至少在实际谈判过程中，我们更强调给客户创造了什么价值。我们绝不认为我们的客户是故意让你为难，是故意降价。当客户不支付公平价格的时候，一定是在价值层面上出了问题。

这样提供指导，就是在提供一种原则，而原则是提供解决方案的方法。我们可以想一想，指导结束之后，这个猴子还在谁的身上？如果下属还要讨论，我们就继续讨论怎么样为客户创造价值，这是总经理该负责的，也是总经理要努力去做的，因为这是组织目标，与总经理的责任一致。

至于具体怎样为客户实现价值，实际过程中如何谈判，那是项目经理的事，猴子在谁的身上？仍然在他的身上。

我们可以发现，许多人在处理类似问题的时候，不太习惯于从原则来指导这个事情。也就是说，当一个管理者去指导下属的时候，重要的是把事情里面最核心的地方告诉他，比如，这个事情的依据是什么。

如果你提供的这个依据是普遍性适用的，这样你就可以带很多兵，你就可以帮助很多人自己打仗。如果你习惯于每一件事都具体帮助他，具体指导、具体教，那么你不仅会累死，而且你也带不了多少兵。

永远做重要而不紧急的事

你的时间是永远守恒的，怎样能在有限的时间做更多有效的事情？永远做重要而不紧急的事。

时间管理的“象限法”：你的一生如何度过？

大凡能够在事业上做出卓越成绩的人，都是时间管理的专家。有人曾粗略地统计过一个活到73岁的美国人对时间是怎么支配的：

睡觉：	21年
工作：	14年
个人卫生：	7年
吃饭：	6年
旅行：	6年
排队：	6年
开会：	3年
打电话：	2年
找东西：	1年
其他：	3年

看了上面的这一组数据，我们有何感受？是不是觉得有太多的时间

都被荒废了？所以要想有效执行，一定要学会“时间管理”。

时间管理的出发点，在于学会处理事情的优先次序，先考虑事情的“轻重”，再考虑事情的“缓急”。请看下图。

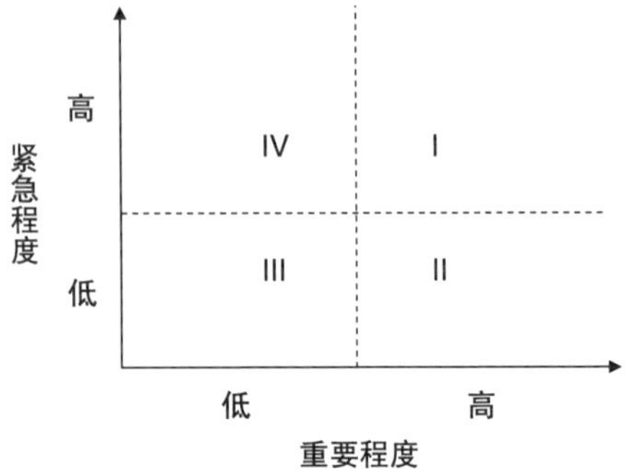

第一象限是重要又急迫的事。诸如应付难缠的客户、准时完成工作、住院开刀等。第二象限是重要但不紧急的事。比如，包括长期的规划、问题的发掘与预防、参加培训、向上级提出问题处理的建议等。第三象限属于不紧急也不重要的事。既然不重要也不紧急，那就不值得花时间在这个象限。第四象限是紧急但不重要的事。

从表面看，第一象限因为迫切的呼声会让我们产生“这件事很重要”的错觉——实际上就算重要也是对别人而言。电话、会议、突来访客都属于这一类。我们花很多时间在这个里面打转，自以为是在第一象限，其实只是在第四象限徘徊。

现在，我们不妨回顾一下上周的生活与工作，你在哪个象限花的时间最多？请注意，在划分第一和第三象限时要特别小心，急迫的事很容易被误认为重要的事。其实二者的区别就在于这件事是否有助于完成某种重要的目标，如果答案是否定的，便应归入第三象限。

要学会把时间花在第二象限，做重要而不紧迫的事。那样才会减少重要的事进入第一象限，变得紧急。

一个价值 2.5 万美元的建议

曾经有一位效率研究专家艾伊贝 · 李，他给当时的美国史卡鲁钢铁公司的总裁查鲁斯一个时间管理的建议，结果查鲁斯因为这个建议给了艾伊贝 · 李一张价值 2.5 万美元的支票，那是为了感激李给他的这个神奇的建议，那么这个建议究竟是什么？让我们来揭开这个谜底。

原来，查鲁斯每天忙于公司中繁复的事务，他是一个追求完美的人，但是事无巨细，他一个人怎么可能管得过来，于是很多事情最后都不能有效地做下去。而李的这个建议正是：

1. 不要想把所有事情都做完。

2. 手边的事情并不一定是最重要的事情。

3. 每天晚上写出你明天必须做的事情，按照事情的重要性排列。

4. 第二天先做最重要的事情，不必去顾及其他事情。第一件事做完后，再做第二件事，依此类推。

5. 到了晚上，如果你列出的事情没有做完也没关系，因为你已经把最重要的事情都做完了，剩下的事情明天再做。

于是，查鲁斯按照李给他的建议试了一段时间，谁知效果非常惊人。当然，你也可以试一下李的建议。

时间是永远守恒的，怎样才能在有限的时间里做更多有效的事情？

答案就是，永远做重要而又不紧急的事。

如何授权与受权

猴子永远都是从上级那儿来的。你身上的猴子是你的上级给你的，你下属的猴子是你给他的。所以要每个人都照料好猴子，前提就是，千万不要忘了猴子是从哪儿来的。

沟通职责背后的意义

猴子永远都是从上级那儿来的。你身上的猴子是你的上级给你的，你下属的猴子是你给他的。所以要每个人都照料好猴子，前提就是，千万不要忘了猴子是从哪儿来的。

第一，你要与你的上级去沟通你的职责是什么。你的职责是什么，不是由你自己界定的，而是由你的上级界定的。界定职责，背后是出现问题时会有人承担责任。

第二，你要和下级去讨论这个职责的意义。这里有一个小的注意点：与上级沟通是明确职责，而与下级沟通是这个职责的意义。也就是说，一个人对职责的理解，或者说对于职责愿意承担的责任，很大程度上依赖于他对这个职责背后意义的理解。

比如麦当劳的清洁人员，如果他的老板去跟他讲，《纽约时报》昨天刊登了一篇消息，有一个抱着小孩的妇女告诉记者，她之所以进麦当劳，是因为她觉得麦当劳的厕所很干净，给她像家一样的温暖。

那大家想一想，这个卫生清洁员会有什么样的感觉呢？她就会感觉到她给这家公司做清洁，就不再是一个简单的清洁工，而是麦当劳整体形象非常重要的组成部分。这种职责的意义，是不太可能通过职责描述来获得的，必须通过面对面沟通才能获得。这就是麦当劳这家公司最优秀的地方，它认为重要的不是麦当劳的汉堡，而是它的员工。

2004 年 4 月 19 日，麦当劳公司董事会推选 43 岁的总裁兼首席运营官查理 · 贝尔为麦当劳公司新任总裁兼首席执行官（CEO），他不仅因此成了第一位非美国人的麦当劳公司掌门人，而且还成为麦当劳最年轻的 CEO。但他是一位从打扫厕所的清洁工成长起来的 CEO。

从清洁工成长起来的总裁

他 15 岁在澳大利亚的一家麦当劳打扫厕所；

19 岁成为澳大利亚最年轻的麦当劳店面经理；

27 岁成为麦当劳澳大利亚公司副总裁；

29 岁成为麦当劳澳大利亚公司董事会成员；

43 岁被提升为首席执行官，成为麦当劳历史上最年轻的全球掌门人。

他就是麦当劳历史上的传奇式人物——查理 · 贝尔。贝尔早年家境贫寒，在麦当劳打扫厕所时，贝尔干活踏踏实实，不怕脏不怕累。

当时，麦当劳澳大利亚公司的领导者彼得 · 里奇把贝尔的行动看在眼里，他很器重贝尔，并且告诉贝尔："清洁是麦当劳的四大经营方针之一，你在从事的是麦当劳最伟大的工作。”

贝尔由此懂得了自己工作的意义，他常常是扫完厕所，接着就擦地板。于是，彼得·里奇推荐贝尔参加了麦当劳职业培训。培训结束后，里奇又把贝尔安排在店内各个岗位“全面摔打”。贝尔就是一个从普通员工一步步晋升至公司高层的典范。

但是，贝尔在庆祝他就任CEO的新闻发布会上却说：“我从15岁起就在澳大利亚的餐厅打工，19岁成为澳大利亚最年轻的餐厅经理。我能做到，你们也能做到，明天的总裁就在今天的普通员工中间产生。”

一个人对一个职责愿意承担的责任，很大程度上依赖于他对这个职责的理解。而一家公司之所以伟大，是因为这家公司的领导能够把公司层面的价值层层传达到下属。就像查理·贝尔之所以能够从最初的清洁工一步一步晋升到店面经理、副总裁、总裁、CEO，如果没有澳大利亚麦当劳的领导者彼得·里奇的鼓励，是不可想象的。

为什么一个没有什么学历的人能够成为麦当劳全球的掌门人？贝尔这句话值得我们好好品味：“我从15岁起就在澳大利亚的餐厅打工，19岁成为澳大利亚最年轻的餐厅经理。我能做到，你们也能做到。”

贝尔的这番话说明，这不是他自己的伟大，而是麦当劳的伟大，麦当劳能够让一个打扫厕所的清洁工成为管理者，懂得他对麦当劳的巨大价值，并能够由此激发起对清洁工作的热爱和奋发向上的精神。“我能做到，你们也能做到”，说得多么好啊！

所以要让下属把猴子养好，关键是要让下属把猴子当成自己的养。

学会监督和检查

授权不存在授多少权的问题，只存在你能够监督多少的问题。你的监督办法越多，你就可以多授权。检查的出发点是什么？如果你想要权力，那么你就凡事压着下属、超越他们；如果你想要的是业绩，就让他们超越你。

有监督地授权——把猴子当自己的养

当我们明白如何授权，又如何让下属把你给他的猴子当成自己的养呢？唯一的办法就是授权，让下属确实感觉到猴子是属于他的。

授权到什么程度？原则上，授权与监督成正比。你的监督能力到什么程度，就授权到什么程度。如果我们有相应的监督措施，那么原则上，权力都可以下放。事实上，这是不可能的，由于监督成本很高，所以我们必须要保留那些无法监督的权力。比如，企业文化的建设、团队建设等，都是很难准确监督其结果的。

其实能人体系就是一种充分的授权，只不过用来监督的手段是感情。能人体系实际上是一种感情监督下的充分授权体系，所以在能人体系中，一旦出现了坏的结果，通常的结论是“你辜负了我对你的一片好心”。

这样，我们也就不难理解，为什么在能人体系下要“用人不疑，疑人不用”，因为监督的方式是感情，怀疑是感情的大敌。而现代企业管理中用的是什么监督方式呢？是用流程、制度、考核、奖励等法制或经济手段来实现。感情不好没关系，做得不好就要承担全部责任。反过来讲，如果没有相应的监督手段，宁可不授权。

没有监督的授权，就等于借钱不打借条，其实借钱不就是授权别人使用你的钱吗？如果你觉得不好意思打借条，那就不要借，否则你授权别人使用你的钱，却没有借条，没有监督就等于你在鼓励别人不还钱。所以授权不存在授多少权的问题，只存在你能够监督多少的问题。

监督办法越多，你就可以多授权。父母和儿子之间之所以没法授权，因为这个没法监督，这就是清官难断家务事的原因。

“一竿子插到底”的代价

任何一个企业，只要存在层级，就有相应的层级管理或汇报体系。比如碰到了问题，本来下面有事业部的总经理，总经理下面还有部长、组长，然后才到员工。可我们常常看到出现一点儿小问题，老总就直接跑到车间里面跟员工说：“为什么出现这样的问题？应该这么做。”

老总为什么会一竿子插到底？原因在于一竿子插到底非常有效，往往是老总一去，问题马上就解决了。但是，这种立马见效的方法往往都是要付出代价的。

因为一竿子插到底的时候，就意味着老总的决定越过了中层的好几级。如果老总这样做就把问题解决了，那以后当事者会经常想，老总是这样说的，到底是按直属部长说的做，还是按老总说的做？

这样一来，万一老总不出现，员工就解决不了问题。大家都等着老总出来把问题解决，长此下去，员工越来越想依赖，越来越不称职。

这时候，很有可能中层员工的心里面都在等着这个老总失败，或者说都在盼望他失败，因为只有他失败了才能说明他们是正确的，才能让老总以后不随便插手。

如果是这样的话，当问题出现时，老总选择一竿子插到底的话，他就保佑自己不出错吧。即使员工知道事情会出错，他们也不会对老板说，也不会主动干涉以帮助老板改正错误。为什么呢？结论很简单，他们希望这个错误发生。

因为错误真正发生，老板就会失败，那老板不就改了吗？只有出事了，老板才会知道是自己错了；只有老板错了，员工才是对的。

一竿子插到底，就等于老板在给自己树敌人。插手的次数越多，树立的敌人就越多。有时候管理里面的游戏，就跟小孩过家家一样。只不过小孩子看到对方掉进他设的陷阱后会忍不住大笑，而在公司中，所有的当事人会一脸虔诚地看着老板往下掉。

为什么沃尔玛是让你精疲力竭的管理？

沃尔玛在近些年世界500强评选中都名列头名，沃尔玛之所以能取得如此大的成就，其中秘诀之一就是公司的领导们一直强调对员工工作的检查。

沃尔玛的员工把CEO沃尔顿的管理风格称为“让你精疲力竭的管

理”和“仔细检查式的管理”。因为沃尔玛的领导们常常令人防不胜防地“窜”到一线，对员工进行突击检查，时不时对员工进行当面质询：“你这个事情做得怎么样了？”

沃尔玛很尊重、很信任每个员工。但是，检查和信任不是一回事，检查是制度系统，人性中都有弱点，每个人都有可能犯错误，但是制度能帮助员工改正，发挥出员工的最大潜力。

检查和监督的原因是你和下属之间做事的风险是不对等的。假设你的下属犯了错，你罚了他 1 万元钱，但他给你带来的损失一定超过 10 万元。你的风险比他大，当然事前的风险控制就由你来做，而不是他做。

你的检查和监督就是让猴子进化，就是把风险控制在发生之前，使猴子知道如何做事。

检查的出发点是什么？如果你想要权力，那么你就凡事压着下属、超越他们；如果你想要的是业绩，就让他们超越你。只有这样，他们才感觉自己很重要。

在一个执行的体系里面，要么让每一个员工都超过你，来做更大的事情，要么淘汰掉那些落后的猴子。执行型管理者最重要的原则是：猴子要么被喂养，要么被杀死，因为每个人的能力都是有限的。

如果我们没有足够的能力喂养这么多猴子，我们就要杀死喂不过来的猴子，不管它有多么重要；如果我们想把猴子喂养得足够强壮，我们就要有选择地进行重点喂养，这样才会有强壮的猴子。

06 失败执行力：如何从失败中获得成功

请给我结果

要成功，就要先拥抱失败
左眼是失败，右眼是成功
防止失败，要学会善待失败
没有失败，只有暂时停止成功
绝不放弃

要成功，就要先拥抱失败

世界上没有永远的成功，只有永远的失败。当我们期盼成功到来时，要先学会面对失败。失败是成功之母，要获得成功，就先拥抱失败吧。

成功，是我们每个人的目标。但是事实上，没有永远的成功，只有永远的失败。人不可能不失败，因此人不可能对失败无动于衷。无论怎么成功，我们都摆脱不了失败。既然失败是所有人都无法回避的，那为什么有人能够把失败转化为成功，有人为什么会被失败打倒呢？

孩子的字典里没有“失败”

我们有没有注意过一个现象——小孩子学走路的时候，无论摔得多么疼，爬起来还要走，而且他从来不总结。总结什么？摔就摔了吧！爬起来还要走。

为什么小孩子不总结呢？因为他觉得疼是必然的，他没想过疼是一种惩罚，他没觉得走路摔跤了下次就可以不摔，没有觉得摔跤就是惩罚，这叫无知者无畏。

热爱失败说得通俗一点儿叫胆大，就是对疼痛没感觉，没感觉并不是真的没有感觉，而是把疼痛的接受度提高。比如，我们自己摔了一跤，很可能站起来就走，但如果有人绊倒了你，你很可能要怒气冲天。

真正让我们感到愤怒的不是外界给我们的疼痛，而是我们对疼痛的反应。真正让我们停止进步的不是失败，而是我们对失败的反应。

摔一跤站起来还走，这就是小孩子对失败的反应，也是孩子成长与快乐的原因。为什么人一长大，活得就很郁闷，没法再像孩子那么快乐？因为我们害怕失败给我们带来的反应。

比如在大庭广众之下小孩看到一个滑板，他想玩，他就冲上去滑，不管会不会。但成人就不一样了，我们害怕别人笑话我们，不仅是笑话我们的摔倒，甚至是笑话我们滑得不专业。

有句话说得很好，“失败是成功之母”，但我觉得这句话没有讲完。不错，失败是成功之母，可那又怎么样呢？与我们每个人有什么关系呢？

失败是成功之母，其实是说“成功”是“失败”的宝宝，但是不一定是属于你。你要让“成功”宝宝属于你，你就要先爱“失败”。

有一部日本青春偶像剧《101次求婚》很推崇这种精神，对心爱的人的“成功”追求就要有“101次求婚”的勇气，不怕打击和挫折，一次又一次，等到精诚所至，金石为开，成功就离你不远了。

其实“101次求婚”的逻辑就是小孩子的逻辑，经历失败是正常的，从来不失败是不正常的。要想成功，就要热爱“失败”，从失败中获得勇气。

在面对失败的时候，我们要学习的第一个榜样就是孩子，像孩子那样爱上失败，对失败充满热情。为了成功，我们就应该从心底接受“失败是成功之母”，要获得成功，就必须有“拥抱失败”这样的信念。

左眼是失败，右眼是成功

左眼看到的是失败，右眼看到的是成功。我们的眼里只看到碌碌无为的人，我们就碌碌无为；我们的眼里只看到意志坚强的人，我们就意志坚强。

不干胶的诞生

我们都知道3M公司发明不干胶的故事。

不干胶是3M公司发明的，但它最初的目的却是要造一种强力胶。当实验结果出来后，大家发现这个胶粘上之后一用力就掉，于是觉得很失败和郁闷。

但3M公司的另一个部门听说了，却大声叫好，因为他们正在寻求一种胶，可以用来做即时贴。如果这个胶粘上去很容易，撕下来也很方便，那不是很好吗？一转眼，不干胶成了有史以来最伟大的发明之一。

左眼看到的是失败，右眼看到的是成功，这就是3M公司的不干胶定律。

妈妈眼中的爱迪生

爱迪生一生中有多少种发明？1 328种，最有名的就是电灯泡。从1869年到1901年，他取得了1 328项发明专利。在他的一生中，平均每15天就有一项新发明，他因此被誉为“发明大王”。

但也许没多少人知道，在爱迪生还是一个孩子时，他的老师就下结论：爱迪生是一个傻瓜，将来绝对不会有前途。

这是老师眼里的爱迪生。但是，爱迪生的妈妈怎么说？爱迪生的妈妈说，这个老师才是一个傻瓜，爱迪生不是。于是，爱迪生就退学了，由他的妈妈教他。

在母亲的指导下，他阅读了大量的书籍，并在家中自己建了一个小实验室。为筹集实验室的必要开支，他只得外出打工，当报童、卖报纸。最后他用积攒的钱在火车的行李车厢里建了一个小实验室，继续做化学实验研究。

有一天化学药品起火，几乎把这个车厢烧掉。暴怒的行李员把爱迪生的实验设备都扔下车去，还打了他几记耳光，据说爱迪生因此致聋。

在我们看来，爱迪生是一个调皮的孩子。但他的妈妈说，不，这是孩子创造天性的表现。

这就是12岁的爱迪生所面临的不同评价：在老师的眼里是一个笨蛋，一辈子绝对没出息的傻瓜；在他妈妈眼里，他是一个优秀的孩子，一个有着创造天性的孩子。在我们大多数人的眼里，爱迪生把车厢点燃是一个纵火犯；可是在他妈妈眼里，爱迪生是一个发明家，是一个发明创造的小天才。

从左眼到右眼，从失败到成功

左眼看到的是失败，老师是左眼，我们大多数人是左眼，在我们眼中爱迪生的未来是什么样的？

右眼看到的是成功，爱迪生的妈妈是右眼，在爱迪生妈妈眼中的爱迪生，未来又是什么样？

爱迪生热爱失败。他为了寻找灯丝，实验了数千种材料；为了自制一种新的蓄电池，失败了 8 000 多次。所以，爱迪生总结自己的成功时，感慨万千地说：天才是 1%的灵感加上 99%的勤奋。

勤奋是什么？勤奋就是失败，没有失败哪有勤奋！由此，我们懂得了失败的不同含义。勤奋就是失败，灵感就是成功。所以，“天才就是1%的灵感加上 99%的勤奋”，说的正是 99%的失败，1%的成功。

“没有失败就没有勤奋，没有勤奋就没有成功”。这就是我们讲的不干胶定律的实质。

我们再来想象一下这样的情景。雨后，一只蜘蛛艰难地向墙上已经支离破碎的网爬去，由于墙壁潮湿，它爬到一定的高度，就会掉下来。它一次次地向上爬，一次次地又掉下来……第一个人看到了，他叹了一口气，自言自语：“我的一生不正如这只蜘蛛吗？忙忙碌碌而无所得。”于是，他日渐消沉。第二个人看到了，他立刻被蜘蛛屡败屡战的精神感动了。于是，他变得坚强起来。

第二个人的名字叫朱元璋。

不干胶定律为什么能够帮助我们从失败中鼓足勇气呢？不干胶定律

所揭示的道理，“左眼是失败，右眼是成功”，这实际上是有规律的。这一规律在心理学上叫“自我暗示效应”。

有一则故事，讲的是美国历史上第34任总统艾森豪威尔年轻时候的一件小事。一天晚饭后，年轻的艾森豪威尔跟家人一起玩纸牌游戏，连续几次都抓了一手很差的牌，他开始不高兴地抱怨手气不好。妈妈停了下来，正色地对他说道：“如果你真要玩牌，就必须用你手中的牌玩下去，不管那些牌怎样。”

他愣了愣，母亲又说道：“人生也是如此，发牌的是上帝，不管是怎样的牌，你都必须拿着。你能做的就是竭尽全力，求得最好的结果。”

很多年过去了，艾森豪威尔一直牢记着母亲的这番教导，从来没有抱怨过命运。相反，他总是以积极、乐观的态度去迎接命运的挑战，竭尽全力做好每一件事情。

这就是自我暗示的功效。人生就好比打牌，我们不可能处处都能得到好牌，我们能做的就是将手里的牌精心打下去，即使那手牌再差再糟糕，也应该努力打出自己的水平。只要我们尽心尽力去打，差牌未必就会输。

就这样，艾森豪威尔从一个默默无闻的平民家庭走出来，一步一步地成为中校、盟军统帅，最终成为美国历史上第34任总统。

众所周知，诗人荷马是一个瞎子，音乐大师贝多芬后来耳聋、失恋，按说他们手中的“牌”比谁都糟，但他们经过自己的拼搏，都没有输。这就是不干胶定律的真正含义，如何从失败中获得勇气与原则，答案是：我们的眼里只看到碌碌无为的人，我们就碌碌无为；我们的眼里只看到意志坚强的人，我们就意志坚强。

防止失败，要学会善待失败

善待失败，就是懂得失败是我们适应环境最好的机制，痛并快乐着；就是当你面对困难和失败的时候，你不妨向更高的困难和失败迈进，体验失败在你身上慢慢建立起免疫能力。

现在我们大家都很熟悉一个名词“有氧运动”，但是有氧运动是谁发明的，可能大部分人都不怎么清楚。

这个人的名字叫库柏（Kennith H. Cooper）。

吃药治病，大家已经习以为常，1960 年，库柏对此发出了质疑。他提出的问题是，我们常常吃各种各样的药来治病，但有没有人想过，人为什么要生病呢？生病难道就没有积极的意义吗？

他对此的结论是，大多数的生病现象是人正常的身体调节，如果人不生病的话，就没有自我调节、吐故纳新的功能了。既然生病是对人的一种自我调节，那就不能在生病的时候大治特治，因为你通过药物杀死病菌的同时，你也在损害自己的身体。由此，他提出了一个人类医学史上革命性的理论，叫作“我们要善待疾病”。

什么叫善待疾病？

意思就是说，我们对于疾病的态度要改变，要通过体育锻炼来提高身体免疫能力。而真正生病的时候，如果不是什么大病，你倒不用去吃多少药，因为疾病正是在帮助你调节身体。这就是库柏提出的理论。

一句话，善待失败，就是懂得失败是我们成功路上适应环境最好的机制。这就是库柏定律。

善待失败，痛并快乐着

库柏定律提出之后，在美国几乎受到了所有人的攻击。攻击到什么地步？医生说库柏是一个疯子，后来他自己开了一家诊所，当地的联邦医学委员会要去调查他，要把他关起来，说他是一个江湖骗子。

但科学终究战胜了愚昧，库柏后来成了美国卫生部部长，他的有氧训练理论成为全球医学的主流。我们现在主流的康复方式都是按照他的理论去做的，包括运动员恢复都是按照这个去做的。

失败和疾病是一样的道理。所以我的结论是，要防止失败的最好办法就是善待失败，而不是失败的时候下猛药。

善待失败有一句很形象的话，那就是白岩松的那句“痛并快乐着”。一般人感冒了就觉得倒霉，但是按照库柏定律，你感冒了应该“痛并快乐着”。不要觉得感冒是一个恶魔，不要觉得感冒对自己是一种不公平，好几年不感冒你才应该着急呢。

“痛并快乐着”，前提首先是痛，感冒必须是一个真感冒，不能是一个假感冒。当痛的时候你必须是真实地感受到痛，而不是逃避，整个过程虽然痛苦，但也要“痛并快乐着”。

现代医学理论已经证明了一个事实：对大多数感冒的人来讲，所有的感冒药都是缓解症状，对感冒没有任何实质性根治作用。过分用药反而对人体是有害的，特别是抗生素，这些药缓解了你的病痛的同时，也会让你付出代价。是药三分毒，按照库柏定律来讲，如果你确定了是感冒，你就不要吃任何药。

不吃药的代价是痛，但既然要善待失败，到真正痛的时候“痛并快乐着”，让这个痛来得更猛烈一些吧！让病菌彻底地释放出来吧！

拿出勇气，善待失败

华为的任正非是中国企业家中善待失败的榜样。

在《华为的冬天》一文中，任正非这样告诫华为人：“10 年来我天天思考的都是失败，对成功视而不见，也没有什么荣誉感、自豪感，而是充满危机感。”

为什么充满危机感，因为“我们还太嫩，我们公司经过 10 年的顺利发展没有经历过挫折，不经历挫折，就不知道如何走向正确道路。磨难是一笔财富，而我们没有经过磨难，这是我们最大的弱点”。

当你还没失败的时候，你就要去思考危机。而当真正失败的时候，就不要有任何解释，要坦然面对。就像感冒发烧的时候不要再用猛药来治，而是坦然面对，以提高身体的免疫能力。

有一位著名的音乐大师，在授课的第一天，他给了学生一份乐谱。“试试看！”他说。乐谱的难度很高，学生弹得生涩僵滞、错误百出。

学生练习了一个星期，第二周上课时正准备让教授验收，没想到教授又给他一份难度更高的乐谱，“试试看吧！”上星期的乐谱，教授提也没提。学生再次挣扎于向更高难度的技巧挑战。

第三周，更难的乐谱又出现了。同样的情形持续着，学生每周上课，迎来的都是一份难度越来越高的新乐谱。

学生再也忍不住了，他向钢琴大师质疑：“这三个月来为何不断折磨我？”教授没开口，他抽出最早的那份乐谱，交给了学生。“弹奏吧！”他以坚定的目光望着学生。

不可思议的事情发生了，连学生自己都惊讶万分，他居然可以将这首曲子弹奏得如此美妙、如此精湛！教授又让学生试了第二堂课的乐谱，学生依然呈现出超高水准的表现……演奏结束后，学生怔怔地望着老师，说不出话来。

“如果我全部纠正你第一份乐谱的错误，可能你还在练习最早的那份乐谱。”钢琴大师缓缓地说。

这就是库柏定律，就是当你面对困难和失败的时候，你不妨向更高的困难和失败迈进，体验失败在你身上慢慢建立起免疫能力的过程。

这位有名的钢琴教授就是这么做的。第一次练习结束的时候，不表扬你，无论你做得多好，都给你更难的东西。等到你已经习惯很难的东西之后，再回来看原来的东西，就很容易了。

记得我学开车的时候，练的都是大卡车。而我是先买了车才学车的，大卡车学完了，驾驶证也拿到了，可我却站在自己的新车前不敢开，有些害怕。正好我哥哥来北京开会，他对我说，你连大卡车都可以开，小汽车还不会？我一想对呀，就这样开出去了。

没有失败，只有暂时停止成功

有时候短暂的失败，是自然规律起作用的结果。没有真正的失败，只有暂时停止成功。我们消灭了失败，也就消灭了成功。

一个人看到蝴蝶正试图从茧子中挣脱，由于茧子的口太小，它努力了很久仍进展甚微。这个人以为它被卡住了，就拿剪刀把口弄大了一点儿。

蝴蝶终于破茧而出，但是它的翅膀又干又小，躯体也是干瘪的。事实上，蝴蝶从茧中挣脱的时候，它会分泌液体，使翅膀丰满，如果没有这个过程，它就不会飞。这个人的善心反而帮了倒忙，蝴蝶再也飞不起来了，只能颤颤巍巍地爬行。

同样道理，据统计，凡是剖宫产的婴儿得肺炎的概率高达80%，而自然生产的小孩却只有不到10%。为什么呢？在自然生产中，小孩从母亲的身体里分娩出来的时候，受到挤压，这时候对孩子的肺，以及对身体机能的发育，都是有帮助的。剖宫产实际上消除了这一自然过程，导致婴儿对外界的抵抗能力降低。

因此，有时候短暂的失败是自然规律起作用的结果。当失败是自然规律一部分的时候，我们消灭了失败，也就消灭了成功。就像蝴蝶一样，蝴蝶在茧里挣扎，表面上是一种失败，但是它真的失败了吗？其实没有失败，在这个过程里它分泌出液体让它自己长出翅膀。我们消灭了它努力出壳的艰难过程，就是把它翅膀的发育过程给消灭了。

失败是成长规律的一部分，那就没有真正的失败，只有暂时停止成功，这就是蝴蝶定律。

蝴蝶定律：消灭了失败，也就消灭了成功

蝴蝶定律的本质，在于揭示了一个基本的道理，失败是成长必须经历的一部分。成功总是通过失败和痛苦来体现的，这就是所谓的“不经历风雨，怎么见彩虹？没有人能够随随便便成功”。所以在失败的过程中不能提前终止痛苦，也不能被替代，比如被感情替代。

就像小孩学走路一样，摔跤了，你心疼了，觉得还是抱着好了，那小孩就永远学不会走路。就像孩子断乳一样，刚断乳的孩子会不习惯，会大闹大哭，如果你不忍心，那么就可能很长时间断不了奶。

在克莱斯勒汽车公司，一位项目经理把辞职信交给当时的 CEO 艾柯卡 · 李，表示要对自己所领导项目的失败负责。艾柯卡拒绝了，他知道这位项目经理还会在汽车行业继续工作，他说：“我不希望替别的汽车公司缴这 100 万美元的学费，把教训记下来，这是我们的财富。”

这只是艾柯卡带领克莱斯勒走出困境的一个小插曲，但它却令人回味。能力的提高往往不是从成功的经验中来，而是从失败的教训中来。

职业经理人的输赢

蝴蝶定律提示了一个基本的道理：一切成功与失败，都源于对规律的

尊重与探索。为什么君子爱财，要取之有道？讲的就是这一道理。

君子爱财，取之有道，同时还给了我们独立的人格与评价标准。职业经理人坚持原则被老板开除了，是赢还是输？

赢！这是职业经理人的逻辑，我宁可穷死，我们也不偷。

输！中国哪有职业经理人？谁不犯原罪？偷一次行不行呢？但现实的逻辑往往是这样的，只要偷第一次成功了，就会有第二次、第三次。

比如，咨询公司就应当懂得，如果别人给你一个100万元的项目，你只给别人提供50万元的价值，那就等于我们偷了客户50万元。我跟我们的顾问开玩笑说，你们知不知道偷50万元要判多少年？起码10年以上吧？

规律是不以人的意志为转移的，你违反了规律，赢了都会输。

王安公司的文字处理机是计算机走向个人电脑（PC）的关键一步，王安赢了，但他却看不起PC。当PC很快成长起来，并把王安赖以生存的“2200型”和“文字处理机”挤出市场后，王安予以反击，生产出性能可靠、速度超过IBM产品3倍的PC，他又赢了，但他却又固执地不愿在软件上与IBM兼容。结果呢？三年后，IBM个人电脑标准成为工业标准，王安公司从此一蹶不振。

王安公司衰退的原因，不仅仅源于这种技术上的狂妄。

王安多次表示：“我是公司的创始人，我要保持我对公司的完全控制权，使我的子女能有机会表明他们是否有经营公司的能力。”

一个天才可以超越现实获得商机，但天才却不可能改变规律，不管是违反技术发展的规律（操作平台的封闭性），还是违反企业的经营规律（家族公司的封闭性），最后终将走向失败，那才是真正的失败。

绝不放弃

“我对上帝发誓，我，乔丹，打篮球的迈克尔·乔丹，绝不放弃！”上帝给予我们力量的伟大原则是：当你遇到困难时，当你面对失败时，要想办法爬过去，超越过去，即使撞倒它也不要回头！

飞人乔丹的“绝不放弃”

我能构想出我能达到的境界，我能成为什么样的选手。我深知我的目标，我将集中精力，到达那里。

我从来不关心输掉一场大赛会有什么后果。为什么？因为当你顾及后果时，你总是想到消极悲观的一面。

有的人在失败的恐惧面前止步不前，因为看到了别人的挫折，甚至仅仅是不够圆满。他们或是担心前景不好，或是忧虑窘迫不堪。

对我而言，此生若要成就一番事业，就必须敢作敢为。我会不避艰险，孜孜以求。

悲观消极、怨天尤人的人成就不了什么气候。决然前行，努力追寻，何必多虑！任何畏惧都是虚幻——你以为面前荆棘丛生，实际上都是纸老虎，有的只是机遇，你要执着不懈，争取成功。

即使到头来未能尽如人意，我起码不会思前想后，因为我毕竟有尝试的勇气。失败只是让我下次加倍努力罢了。

我的建议就是——乐观积极地思考，从失败中寻找动力。

有时候，失败恰恰正使你向成功迈进了一步。一次次的尝试也许未能奏效，但越来越逼近成功。世界上的伟大发明都经历过成百上千次的挫折和失误才获得成功。

我认为畏惧多数来自缺乏专注。

如果我站在罚球线上，脑中却想着有1 000万观众在注视着我，我可能会手足无措。所以我努力设想自己是在一个再熟悉不过的地方，设想自己以前每次罚球都未曾失手，这次也会同样发挥我训练有素的技术。

不必担心结果如何，你知道自己不会失手。于是放松、投篮，出手之后一切就成定局，所以又何必顾虑重重?

我说到做到。

我对平时训练和正式比赛一视同仁，绝不厚此薄彼。因为你不能期望训练中的马马虎虎会给以后的比赛带来佳绩。

有多少人临阵磨枪，说到做不到?这正是他们失败的原因。他们信誓旦旦要尽其所能，说得天花乱坠，做得也煞有介事，可一旦事到临头就措手不及，他们就到处找借口推诿敷衍。

要知道，成功的崎岖之路、困难和艰险对谁都是均等，不留情面。

然而，你不必因此踯躅不前。要是面前有一堵墙，不要折回头去放弃努力。要想办法爬过去，超越过去，即使撞倒它也不要回头！

我对上帝发誓，我，乔丹，打篮球的迈克尔·乔丹，绝不放弃！

这就是乔丹著名的《绝不放弃》。

来自灵魂深处的声音："绝不放弃"

我经常独自在清晨、在子夜，朗读迈克尔·乔丹的《绝不放弃》。每当这个时候，我梦中那个在篮球场上孤独不败、驰骋赛场的伟大的乔丹渐渐离我越来越近。我眼前是一个不畏困难、热爱失败的平凡的乔丹。他之所以伟大，不是因为他是天才，而是他比我们任何人都敢于面对困难，比我们任何人都有勇气迎接挑战。

每次，我在大声朗读乔丹的每一句话时，我都能感受到内心深处涌出的勇气与力量。我真的很奇怪，为什么一句平常的话，能够这样一次又一次地在我心中激起如此强大的力量，真的是因为它是乔丹说的吗？

不！有一天夜里，当我对着星空大声朗读这些语句的时候，我突然想到，古往今来有多少英雄豪杰都已经逝去了，但他们就像夜空的星星一样，他们所坚持的伟大原则却仍然在发光，所以乔丹只不过是这些英雄豪杰中的一个，他之所以有力量，是因为他懂得上帝给予他力量的伟大原则：

“当你遇到困难时，当你面对失败时，要想办法爬过去，超越过去，即使撞倒它也不要回头！”

美国伟大的黑人解放运动领袖马丁·路德·金如此谦卑，伟大的他尚要用灵魂深处的声音高喊：“朋友们，虽然眼下困难重重，但我依然有一个梦，这个梦深深地植根于美国梦之中！”（I say to you，my friends，so even though we must face the difficulties of today and tomorrow，I still have a dream. It is a dream deeply rooted in the American dream.）

听听那灵魂深处的声音吧，那是你无法逃避的声音，哪怕你在梦中也逃不掉的声音。既然逃不掉就认真面对：我是如此无能为力，请给我爱和信念的力量，使我无所畏惧地高喊，让失败来得更猛烈些吧!

冬天来了，春天还会远吗？失败来了，成功还会远吗？

07 真正的执行：48字执行真经

请给我结果

- 认真第一，聪明第二
- 结果提前，自我退后
- 锁定目标，专注重复
- 决心第一，成败第二
- 速度第一，完美第二
- 结果第一，理由第二
- 48 字真经：一箭洞穿执行力

认真第一，聪明第二

人总是喜欢动点儿“聪明”的小脑筋，以为因此可以什么事都搞定，然而却常常在关键时刻出现失误。而有执行力的人，却在内心建立了一个信念，世界上的事只有认认真真、踏踏实实地做，才可能成功。

“认真”是什么？

“真、善、美”是人类最基本的普世价值，真是科学，善是宗教，美是艺术！

严格来说，执行中对“真”的定义，讲的就是科学层面，即要以“科学”为最基本的做事准则。一般而言，科学分为三个层次：

1. 物质层次：物质层次讲的是事实和数据，没有事实数据的认真就无法判断（认知）价值，无法对结果进行衡量，更无法进行交换。

2. 制度和流程层次：制度和流程层次是科学的体现，更是科学的载体。比如，街道为何这样修？背后必定有其科学原理，而这些原理一定是通过合理有序的营造流程体现出来的。

3. 价值层次：价值层次讲的是一种科学的态度，即一切以客观的标准，即客户价值为追求。

科学的三大层次阐明了认真的本质，那就是：第一，要以事实与数据为基础，第二，要讲究科学的制度与流程，第三，要有客观的态度。

“小鲁班”造房，漏风漏雨度晚年

以前听说一个故事，说的是有一个精于建筑工艺的木匠，一辈子不知道建造了多少座精美的木房子，因此也赢得了大家对他的尊称——“小鲁班”。一晃几十年，小鲁班也到了该退休的年龄，于是有一天他告诉老板，说自己准备退休，打算回家与妻儿安度晚年。

老板很舍不得自己的得意工匠走，于是问他能否帮忙再建一座房子。小鲁班心想如果自己继续认真造房子，估计老板不会让自己回家养老，于是口头上答应了下来，心里却打好一个“聪明”的小主意。

虽然房子如期建造，但是大家都看得出来，小鲁班的心早已不在工作上，他用软料，出粗活，懒洋洋地刨木，松散散地打桩，拖了4个月才把房子建好（以前精工细做只要两个月）。

房子建好后，小鲁班锁了门窗，就拿着钥匙向老板去交差：“老板，最后一座房子我也给你建好了，这下我可以回家了吧？”

老板看着小鲁班脸上疲惫的表情，拍拍他的肩膀，把那串钥匙郑重地交还给小鲁班，而且认真地说：“你在我这里几乎工作一辈子了，这座房子就算是我送给你的退休礼物吧。”

听到这句话，小鲁班一时目瞪口呆，但是老板并没有开玩笑。可是一想起自己当初造这座房子时的马虎态度，小鲁班顿时又是羞愧，又是后悔。从此，小鲁班一家人就在这座粗制滥造的房子里住着，体验着自己最后的“小聪明”和“不认真”带来的漏雨和漏风。

人总是喜欢动点儿“聪明”的小脑筋，以为因此可以什么事都搞定，然而却常常在关键时刻出现失误。而有执行力的人，在内心却是建立一个信念，世界上的事只有认认真真、踏踏实实地做，才可能成功。

一个真正认真负责的人，认真做事，执着一生。

结果提前，自我退后

在市场竞争的意义上，以人为本指的是以别人（消费者）为本，而不是以自己为本。要获得客户价值，就要“结果提前，自我退后”，或者说“必须抛弃以自我为中心，而以结果为中心”。

为什么“自我”跳到了“客户”的前面？

我曾经在很多次培训或咨询项目中，请客户和我一起做下面这个练习。下面这张图画的是什么？

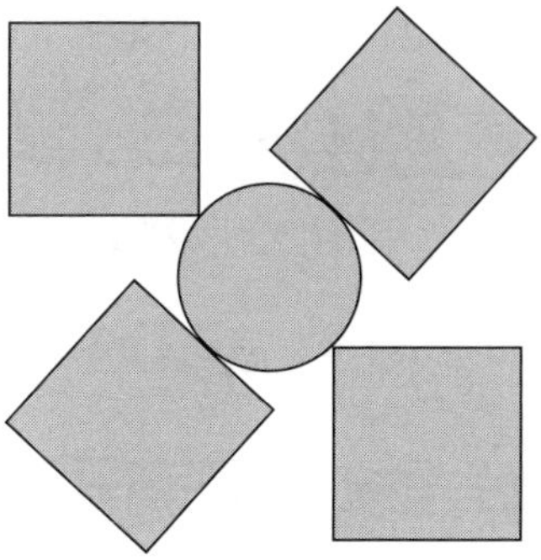

这个练习有点儿像电视台做游戏，我请一个员工来描述他看到的东西，然后让大家根据他的描述，把结果画出来。

一般我会请一些不同部门的人来做这个练习。结果你会发现，一些技术出身的人，会用一套非常专业的技术语言来描述。比如说，一个单位圆，这个单位圆跟正方形相切，然后跟另外一个正方形的邻角相交等。练习的最后我往往会请识字不多的清洁工来描述。

结果是，技术员讲的时候，技术部门的人都画出来了，但其他部门的人大都画不出来。而一个识字不多的清洁工一讲，大家都画出来了。

为什么一个技术员对大家描述时，大家画不出来，而一个识字不多的清洁工一讲，大家都画出来了？原因就是，当技术水平高的员工画这个图的时候，他大多会采用技术语言去描述，而当一个清洁工去描述的时候，他没有什么技术语言，所以只能用大白话，大白话大家都懂。

问题是我们的目的是什么？是要大家画出来。

我觉得这种现象十分值得品味。为什么往往拿了博士学位、硕士学位的人，本事越大，专业知识越多，他们越自我？

原因在于，如果技术员也用清洁工的语言，那他不就与清洁工一样了吗？自我价值跑到前面，就会把客户价值推到后面。为什么会计师常常要用专业的财务术语说话？为什么研发部门的人往往热衷于做完美的产品，而不管它是不是有市场需求？原因都源于此。

诺基亚帝国的失落与苹果王朝的崛起

诺基亚无疑是一家优秀的公司，在过去的10年中，诺基亚在手机市场占据了绝对的市场优势，但由于产品导向的企业文化，使诺基亚没能抓住从产品层面竞争转变为生态系统竞争的市场潮流，而付出了沉重的代价。

诺基亚早在 1998 年就设计了塞班 (Symbian) 开放操作系统并鼓励软件开发者们基于这一操作平台来设计应用软件。诺基亚长久以来一直认为给手机装上软件能够极大地提升他们核心产品的价值。

但是，诺基亚最大的问题是：以塞班系统为平台的应用软件，并不排斥盗版，开发者也并不能够因此从诺基亚的平台得到好处，开发者没有好处，那使用者如何从中得到好处？

相反，苹果手机的应用软件商店则是一个为开发者提供市场渠道的平台，成功的开发者们可以从苹果手机获得巨大收益，从而让手机用户获得极大的价值，苹果手机迅速取代了诺基亚的领导地位。

从诺基亚的失败到苹果的兴盛，都说明了一个基本道理：在市场竞争的意义上，以人为本指的是以别人（消费者）为本，而不是以自己为本。要获得客户价值，就要“结果提前，自我退后”，或者说“必须抛弃以自我为中心，而以结果为中心”。只有这样，我们每一个人所做的东西才能体现消费者的价值，而不是体现自我的价值。

所有这一切，都在说明一个重要的执行原则：结果提前，自我退后。

锁定目标，专注重复

“锁定目标，专注重复”的意思是说，我们一遍遍地做，我们才能够做得更好。我们之所以做得更好，不是因为我们比别人聪明，而是比别人更用功，比别人更专注于一点。

德鲁克说：“聚焦专注，把重要的事情先做，一次只做一件事。优秀公司懂得人的精力是有限的，人的缺点也是难以克服的。优秀公司一般都是专业化的公司，领导者最重要的工作不是选择，而是学会放弃，一段时间专注做好一件事。反过来，平庸公司什么业务都想做，领导者什么都想管，结果是什么都做不好。”

专注造就伟大的成就

当年法国的大文豪莫泊桑刚开始学写小说的时候，他的老师对他讲，你不要跟我学什么技巧，你到大街上坐着，然后你看着驾马车的车夫，专门盯住一位。如果你能把这个马车夫描述得和其他马车夫不一样的话，那么你的写作就过关了。

我曾经在电视上看过一个节目，有一个很有名的说书人，当有人问他，为什么他的眼睛特别亮？他回答说：每天晚上在黑夜中点一炷香，然后每天盯着那炷香看半小时，几年下来眼睛自然就有神了。

莫泊桑成为一代文豪，说书人的眼睛特别亮，这些奇迹在我们常人看来非常了不起。可创造这一奇迹的原因却非常简单，就是锁定目标之后，专注地一遍又一遍地重复再重复。

为什么伟大的成就往往是通过如此简单的方式产生的？这种因果关系说明了什么？

推销大师：成功来自专注

一位著名的推销大师在告别他的推销生涯时，应行业协会的邀请来讲他的成功史。

那天的会场座无虚席，人们在热切、焦急地等待着那位当代最伟大的推销员做精彩的演讲。当大幕徐徐拉开，舞台的正中央吊着一个巨大的铁球。为了支撑这个铁球，台上搭起了高大的铁架。

在人们热烈的掌声中，这位著名的推销员出场了，他已经年近花甲，胡子花白，他穿着一件红色的运动服，脚下是一双白色胶鞋，站在铁架的一边。人们惊奇地望着他，不知道他要做出什么举动。

这时两位工作人员，抬着一个大铁锤，放在老者的面前。这时主持人对观众讲：请两位身体强壮的人到台上来。很多年轻人站起来，转眼间已有两名动作快的跑到台上。

这位老人请他们用这个大铁锤去敲打那个吊着的铁球，直到把它荡起来。一个年轻人抢着拿起铁锤，拉开架势，抡起大锤，全力向那吊着的铁球砸去，一声震耳的响声，那吊球动也没动。他就用大铁锤接二连三地砸向吊球，很快他就气喘吁吁。另一个人也不示弱，接过大铁锤把吊球砸得“叮当”响，可是铁球仍旧一动不动。

台下逐渐没了呐喊声，观众好像认定那是没用的，就等着老人做出什么解释。

会场恢复了平静，老人从上衣口袋里掏出一个小锤，然后认真地，面对着那个巨大的铁球。他用小锤对着铁球“咚”敲了一下，然后停顿一下，再一次用小锤“咚”敲了一下。人们奇怪地看着，老人就那样“咚”敲一下，然后停顿一下，就这样持续着……

10分钟过去了，20分钟过去了，会场早已开始骚动，有的人干脆叫骂起来，人们用各种声音和动作发泄着他们的不满。老人仍然一锤一停地工作着，他好像根本没有听见人们在喊叫什么。人们开始愤然离去，会场上出现了大块儿大块儿的空缺。留下来的人们好像也喊累了，会场渐渐地安静下来。

大概在老人进行到40分钟的时候，坐在前面的一个妇女突然尖叫一声：“球动了！”霎时间会场立即鸦雀无声，人们聚精会神地看着那个铁球。那球以很小的幅度动了起来，不仔细看很难察觉。

老人仍旧一小锤、一小锤地敲着，人们好像都听到了那小锤敲打吊球的声响。吊球在老人一锤一锤的敲打中越荡越高，它拉动着那个铁架子“哐哐”作响，它的巨大威力强烈地震撼着在场的每一个人。场上爆发出一阵阵热烈的掌声，在掌声中，老人转过身来，慢慢地把那把小锤揣进兜里……

这个故事精辟地阐述了成功的道理，简单的事情重复做，就会产生累积效应。当一小锤、一小锤的力量积累到一定程度时就会产生巨大的力量让铁球动起来，这就是专注的力量，就是执行的力量。

创造奇迹的原因非常简单，就是锁定目标之后，专注地一遍又一遍、重复再重复。

为什么伟大的成就往往是用如此简单的方式产生的？这种因果关系说明了什么？一个人成就的大小与三个因素有关：一个是选择，一个是单位投入，一个是时间投入。

我们都知道人的精力和能力都是有限的，这意味着一个人在一件事情上投入了精力和才能，就会影响在另一件事上所投入的精力和才能，几件事情同时做，就可能会摊薄在其中一件事情上的产出。

锁定目标是说集中精力和能力于一件事情上，这意味着选择的确定，也意味着单位投入的扩大。专注重复是说在确定了的事情上，投入足够的时间。

我们用一张表格做一下解释。

复合增长率（%）	9	15	30
第一年	109	115	130
第二年	118.81	132.25	169
第三年	129.502 9	152.087 5	219.7
第四年	141.158 161	174.900 625	285.61
第五年	153.862 395 5	201.135 718 8	371.293
第六年	167.710 011 1	231.306 076 6	482.680 9
第七年	182.803 912 1	266.001 988	627.485 17
第八年	199.256 264 2	305.902 286 3	815.730 721
第九年	217.189 327 9	351.787 629 2	1 060.449 937
第十年	236.736 367 5	404.555 773 6	1 378.584 918

表中复合增长率的确定代表目标的锁定，复合增长率的大小代表目标的专注程度，复合增长率越高，代表对一件事情的单位投入越大，年限的长短代表重复投入的程度，年限越长，对这件事情的重复投入就越大。

这张表阐述了成功的道理，锁定目标后，简单的事情重复做，就会产生累积性的复利效应，目标越坚定，投入越专注，重复次数越多，复利就越大，这就是执行的力量。

锁定目标，专注重复的意思是说，我们之所以能做得更好，不是因为我们比别人聪明，而是我们比别人更用功，比别人更专注于一点。

张瑞敏曾经讲过："什么是不简单？能够把简单的事千百遍做对，就是不简单；什么是不容易？大家公认的非常容易的事情认真地做好，就是不容易。"执行的真谛就在于此，把简单的事情重复做就很不简单，能够锁定目标，不断重复一件事，用一生去做一件事，就是执行。

因此，"结果提前，自我退后，锁定目标，专注重复"，这16个字，不仅指出了成功的道理，而且还告诫我们，之所以不能取得成功，很可能就是因为忽视了那些最简单的道理。第一个最容易被忽视的就是结果（客户），从自我出发，想当然地做事；第二个最容易出现的现象是花心：一件事做两下就以为自己会了，就不再用心钻研，或者做一点儿觉得差不多了就去做别的事，换去换来，结果是一辈子无所成就。

但凡掌握执行的高手，内心必懂得处处谦让，切莫在"战斗"之中将自身之事过于看重；永远要以"战斗"的结果为中心！掌握此法可使心无杂念，勇往直前，百战百胜。

一旦处于战斗之中，必须心无旁骛，目光凝于一点；全力以赴，坚持不懈，精诚所至，金石为开。

决心第一，成败第二

执行前的“决定原理”——如果不想做事的话，任何人都可以找一百个、一万个理由出来不做它，这个时候只有一个念头可以发生作用，就是“我想做”。

在执行前，什么最重要？决心最重要！必须放弃什么？必须放弃对成败的计较。所以，在执行前的战略是：“决心第一，成败第二。”

一旦决定，就不要没完没了地讨论，不要花时间去考虑能不能成功，而是要坚决执行，即使失败也要执行。

执行的关键是建立必胜的信念和决心。

做任何事情都包括两个环节，一个是决策，一个是执行。两个环节有着截然不同的做事逻辑。

执行前什么最重要？现代管理学大师德鲁克告诉我们——个人见解最重要。人要有自己的见解和主见。

德鲁克说：“决策的过程是先从当事人的见解开始的。所谓见解，乃是‘尚待证实的假设’；见解不能获得证实，就毫无价值可言。但要确定什么才是事实，必须先确定相关的标准，尤其是有关的衡量标准。”

那么，如何确定决策的标准，也就是何谓正确？这就涉及到我们的价值观，即对人性、对公理的假设。我想每个人都有自己的标准，但自由、平等、公正的普世价值观是适用一切事物的衡量标准。

决策环节在方法论上讲究全面、比较、反复，强调全面的参与，比较对立意见，反复讨论和确认，从过程的酝酿到成熟的方案，往往要经历较长时间，目的是尽量确保执行的正确性和准确度。

执行环节则有完全不同的要求，在决策确定以后，决心第一，即使决策不完美，也要坚决执行。

这就像上市公司在做会计处理的情况，有的时候企业亏损了会做一次性计提，而不是把亏损逐年摊掉，这除了财务方面的考虑以外，实际上还有心理成本方面的考虑，试想一个新的总经理一上任就背着前任的亏损包袱，他的心理是不太自在的，这等于前任造成的亏损要由他继续承担，只要忘记过去的亏损，他才能轻装上阵，承担起自己任内的经营责任。

决策以后不预期、不讨论成败问题，实际上是说决策环节的心理成本已经发生过一次，在执行的时候再讨论成败等于产生了重复成本，这个时候对于团队的士气是极大的伤害，正如中国的古话说的："一鼓作气，再而衰，三而竭"，是说气可鼓不可泄，执行过程应如行云流水，一气呵成，不应有半点儿的犹豫和反复。

决心原理：如果不想做事的话，任何人都可以找 n 个不做的理由。这个时候只有一样东西发生作用，那就是你有没有决心！

"决心第一，成败第二"——先有见解（观点），后有事实。

凡在某一领域具有经验者，都必然有他的见解，而且，人总是从自已的观点开始，要求人家从搜集事实开始，是不符合实际情况的。其结果是，他所搜集的事实，必是以他自己既有的结论为根据，他既然先有了结论，必能搜集到许多事实。

温州女孩擦鞋擦出“老板梦”

在西北地区的一所高校旁边，有一个来自温州的擦鞋匠，这个擦鞋匠其实只是一个十几岁的小女孩，她经常为高校里的师生擦鞋，女孩子看上去普普通通，似乎是再平常不过的人了。

有一次女孩为一位老教授擦鞋，老教授很面善，于是和小女孩聊了起来。

“在学校这边擦鞋有多久了？”老教授和善地问道。

“我已经干了快一年了。”小姑娘说。

“你擦鞋一次赚多少钱？”

“擦一次1元钱，但是有时候，我也会得到一些小费。”

“你擦一次鞋才赚1元钱，有办法维持生活吗？听说，原先有个男孩觉得擦鞋赚钱没希望就离开了。”

“我觉得行。我每星期给我妈妈存15元钱，自己存10元，再留下5元做零花钱。我想我再干一年，我就可以攒钱做些小买卖。你知道在我们温州人看来，我就能当老板。”小姑娘一边卖力擦鞋，一边笑着说。

看着油光锃亮的皮鞋，老教授心里更是透亮，他掏出了2元钱给小女孩，女孩子高兴地说：“谢谢”。

老教授明白在西北这所高校里，有文化有知识的人比这个校门口的擦鞋女孩不知道多多少，但是比起这个擦鞋女孩的决心和努力，这所高校里又能有几个人胜过她？

小女孩已经决心要通过擦鞋攒钱，做小买卖，再做小老板，她就不会去多想这个想法是不是能实现，因为她是抱着必胜的信念和决心去做的。

擦鞋小女孩的故事正好印证了执行前的“决心原理”——如果不想做事的话，任何人都可以找一百个、一万个理由出来不做它，这个时候就只有一个念头可以发生作用，那就是“我想做”。

决心是金，成功只眷顾领先一步的人

IBM，就是这样一个永远都要领先一步，采取行动的公司。

大萧条时期，其他公司都在裁员或降薪，以对抗经济衰退，IBM的创始人老沃森却偏执地提出，对机器的投入可能会受到市场的影响，而对员工的投入却可以创造市场的奇迹。

当IBM上下满足于制表机和考勤钟的市场兴盛时，它的统帅沃森却做出了一个令业界震惊的决定：IBM决定进军大型计算机市场。当时，大家都以为IBM疯了。IBM一共投资了50亿美元开发大型机，超过美国原子弹的研发费用。最后事实证明，IBM此举是非常有远见的。当制表机等小机件式微的时候，IBM的计算机取得了超乎想象的市场成功。

当代最伟大的推销员乔伊·古拉德，是领先一步采取行动获得成功的另一个榜样。

乔伊·古拉德在吉尼斯世界纪录大全中，被列为“当代最伟大的推销员”，他在一年之内，创造出推销 1 425 辆汽车的世界纪录。直到今天，还没有人能打破这个纪录。

但这位世界第一推销员如何解释自己的成功呢？“建立你的决心。不能再有‘以后再做’的事发生，因为根本没有‘明天再做’这回事。今天不是决定你明天做什么，而是决定你明天成为什么。不要错过今天，将一星期前、一个月前、一年前的害怕、怯懦、毁灭信心的思想从你心中除去，今天是你充满信心，永远摒弃害怕的日子，你今天才会充满信心地行动。这就是支撑我每天走向成功的秘密。”

“决心产生信心”。乔伊·古拉德从一张灰尘厚积的桌子和一个电话本开始，在两个月之内超过了那里所有推销员的业绩，一年之内，他的汽车销售成绩从零达到 1 425 辆，成为世界上最伟大的汽车推销员。

速度第一，完美第二

一旦开始执行，速度是第一位的，完美是第二位的。战场上兵戎相见，商场上斗智斗勇，谁先出手，谁就可能赢得胜利。

在执行中，什么最重要？速度最重要！必须放弃什么？必须放弃完美。所以，在执行进行中的战略是："速度第一，完美第二"。

战场上的速度，该出手时就出手

听说春秋战国时期，一位父亲和他的儿子出征作战，当时父亲已经是一个大将军，儿子只不过是一个马前卒而已。父亲每次在战场上冲锋陷阵都是英勇无比，但是儿子总是手忙脚乱，一会儿拿着矛，一会儿拿着刀，大敌当前，号角都吹响了，儿子还在想这次上阵该拿什么兵器杀敌更好些。

有一次，临战前，父亲嘱咐儿子说："我知道你每次都想拿一件完美无缺的兵器上阵，今天我就把家里祖传的宝刀给你，你可以把它佩带在身边，不过千万不可以抽出来！"

那口宝刀装在一副极其精美的刀鞘里，刀鞘边上还镶着幽幽泛光的宝石，刀把上还有精雕细刻的花纹。儿子一眼便认定这是家传的宝刀，于是喜上眉梢，耳旁仿佛战鼓声声，联想着手起刀落，敌方的主帅应声落马而毙。

上阵后，果然佩带宝刀的儿子如脱胎换骨一般，英勇非凡，所向披靡。这次敌方如遇大将，败势不可挡，于是鸣金收兵，儿子禁不住得胜的豪气，忘了父亲的叮嘱，于是快马加鞭，拔出宝刀呼呼追杀敌人，大胜而归。

杀敌得胜的儿子回到营地，一看手中的宝刀早已因为奋力拼杀的缘故而有缺口，其实这也只不过是一把普通的刀而已，为何这次上阵的效果却如此不一般？看到儿子迷惑不解的表情，父亲道出了真相："你父亲为何杀敌英勇，被人尊为将军，因为我上阵前从来不追求尽善尽美的兵器和装备，要知道冲锋杀敌，兵贵神速，有了勇气和速度，即使是普通的兵器也能发挥奇特的神效。"

这位父亲的话也印证了执行的"速度战略"，就是：一旦开始执行，速度是第一位的，完美是第二位的。战场上兵戎相见，商场上斗智斗勇，谁先出手，谁就可能赢得胜利。所以这时候，我们要懂得放弃一些理想化的完美的东西，让自己赶快行动起来，这样我们就获得了速度，赢得了胜利的时间。

摩托罗拉与惠普的速度逻辑

记得我当年进摩托罗拉时，面试我的老板问我，你过去做过很长时间的学术研究，在北大读完博士，出过很多本书，又做过宏观经济研究，你能不能回答一个问题：学者跟商人有什么不一样？

我说，做学问是在一个很大的范围中做调查，却得出很小的一个结论；做商业恰好相反，是在一个很小范围做调查，却要得出很多或很大的结论。

比如，我在摩托罗拉负责调查手机用户增长率的时候，委托的研究公司只调查1 200个用户，就代表全中国了。

我当时的回答，老板非常满意。

这就是做生意。做生意不是做逻辑推导，不是把所有东西搞正确后再干，而是差不多了就行动。在执行过程中，最重要的是速度。速度逻辑所包含的两层意思是：行动先于结果，行动修正结果。

惠普在最近的再次兴盛证明了速度逻辑的力量。

1998年6月，惠普公布了一个令人吃惊的数字：当年增长率只有3%，而在两年前还达到30%。公司同时还宣布，2 000多名中高级经理暂时减薪5%。这是惠普历史上伤心的一页。

为什么会这样？从宏观环境看，基本的原因是亚洲金融危机与PC行业的价格战。但华尔街分析师却不这么认为，他们质疑，为什么同样的情况下，戴尔、IBM等公司却没有下滑到如此低谷，为什么惠普的适应力比其他竞争者迟缓？

当时新上任的CEO卡莉对此的回答是：惠普的问题出在惠普自己身上。在过去60年历史中，惠普是通过强调品质卓越、强调尊重员工获得成功的，但在信息经济时代，惠普却因为过分追求品质与员工共识，牺牲了决策与行动的速度，在网络经济中失了先机，显得处处被动。

为此，卡莉在惠普提出了著名的速度逻辑：先开枪，后瞄准！过去惠普的新产品，是要在各方面都要达到 95 分以上才推出，现在惠普应当改变这种思维方式了，产品做到 80 分就该推出，然后再求慢慢改进。

对这一速度逻辑，卡莉有一个形象的比喻：你滑水冲浪，要保持一个速度才站得起来。在这一过程中，尽管我们很难精确抓住行进路线，但我们不能为了抓住路线而将速度放慢。互联网时代要抓住速度，才能进入竞争的门槛。

在我们的脑子中，做事情应当是“先瞄准，后开枪”，所谓“谋定而后动”。但惠普总裁卡莉给我们上了一课。她上台之后，做的第一件事就是要求惠普“先开枪，后瞄准”。

事实上，当卡莉进入惠普之后，发现惠普的确很优秀，人才济济、技术卓越、品质出众。但业绩为什么不好呢？问题出在市场上，由于有太多的人在追求瞄准的精度，结果惠普的行动总比市场慢好几拍。

但每个人对此都有各自的理由：没瞄准好，怎么能随便开枪？“什么才叫瞄准好了？”卡莉反问。高科技公司之间的竞争就像滑水一样，如果你想站稳，你就要有足够的速度！比如微软，它的哪一个产品是完美的？但它的速度却是最快的；比如英特尔，它的产品也未必完美，但它创造出了著名的摩尔定律：每 18 个月，英特尔让中央处理器（CPU）的运算速度以几何级数倍增一次！

速度逻辑的背后，包含的就是这种“实践出真知”的道理：“发展中的问题，要在发展中才能解决”。

结果第一，理由第二

如果没有结果，那么所有的理由都没有价值，因为执行的目的就是结果。“结果意识”是现代一种很重要的处理态度。

在执行后，什么最重要，结果最重要。必须放弃什么？必须放弃理由。所以，在执行结束后的战略是：结果第一，理由第二。

事情都做完了，你有 1 000 个理由，你有 10 000 个理由都不重要，重要的是这个事情的结果是什么。因为我们是靠结果生存。

执行的关键在于做出种种不利假设，假设对方失误怎么办？假设自己疏忽怎么办？然后，在最不理想的情况下找到解决的办法。

伟大的公司为什么不会死？不完全是因为它们总是方向正确，而是它们即使在方向错误的情况下，也在奋力拼搏。这种时候，失败的只是方向，作为人本身，作为团队，并没有错。

商业结果的达成是一场认知游戏，消费者说你行你就行，说你不行你就不行。这就像谈恋爱一样，没有标准的客观尺度，喜欢就是喜欢，不喜欢就是不喜欢，不需要理由。爱情来了，就是“情人眼里出西施”，旁人说是“东施”也没用，爱情走了，美女帅哥化作枯骨想。消费者偏好也是这样，不以生产者的意志为转移。

既然结果只与消费者偏好有关，理由就没有意义，因为理由只是你的认知，而不是消费者的认知，10 000 个理由也改变不了一个结果。商业结果必然是满足消费者偏好的游戏，得消费者偏好者得天下。

结果原理：我们是靠结果生存，我们不可能靠理由生存，没有结果，我们就不能生存，这是硬道理。

结果战略反应的是一种业绩文化——即在执行中对客户标准、客户体验、客户偏好的执着追求，背后强调的是在商业活动中对客户价值的尊重和推崇！

美国兵一个月学会德语

学过外语的人都知道记忆单词、背诵句型都是比较枯燥的脑力活动。大多数人在学生时代只是为了考试而学习外语，所以很多人对学外语都不怎么上心，学不好外语也都能找出一堆的理由。

但是试想一下，如果有人拿枪威胁你，逼你学会外语，你又会怎样学？要知道，那时候的你是没有任何退步和推脱理由的。

第二次世界大战的时候，有一队美国士兵要被派到德国去做间谍。领队的长官告诉士兵们，送他们去的飞机只能在德国的边境附近把他们空投下去，因为那时候欧洲第二战场还没有开辟，盟军部队还不能接近德国领土。

但是，这些士兵在出发前的一个月都还不会说德语，于是长官严肃地告诉他们：“这一个月里你们要学会德语，一个月之后出发，不论你们到时候学会没有，都得去。”结果，士兵们在一个月里日夜苦学，一个月后几乎人人都能说一口地道的德语，甚至连口音和语调都非常像德国人。

为什么他们能这么神速地学会德语？因为士兵们都知道，如果他们的德语学不像，一旦他们跳下飞机，德国人就会立刻把他们抓起来，他们就会没命了，那时候连说理由的机会都没有。

尽管很多人在学外语的时候，想着“苦读法”，想着“巧记法”，想着“速成法”，但是不管怎样都要得到一个结果——学会外语。

结果第一，理由第二，执行的本质就在于抓住结果，实现预期效果。没有结果，一切理由都不存在。

反过来讲，如果没有结果，那么所有的理由都没有价值，因为执行的目的就是结果。

索尼为什么落后于三星

在中央电视台《对话》节目中，我与日本索尼公司的CEO出井伸之先生有过一段对话。坦率地讲，我个人在听到出井伸之先生的一番谈话的时候，感觉有点儿失望。所以，当时我就很不客气地对他谈了我的看法。

我对他说：“我之所以对你的谈话感到失望，是因为面对索尼的衰落，你更多谈到的是产业变动、亚洲经济危机等问题，似乎索尼的衰落是由于外界的原因引起的。但是，我想反过来向你提个问题，如果索尼选择了假设是正确的道路的话，索尼一定能成功吗？

我们举个例子。在20世纪90年代，IBM的业绩曾经辉煌过，表面上IBM的衰落是因为机会被比尔·盖茨抢走了。但事实上，如果我们去认真研究一下就会发现，所有比尔·盖茨拥有的东西，在IBM内部早就有过。但是，什么原因让IBM错失了这个机会呢？是因为IBM认为自己太成功了。

由此，我们再反过来看一下三星公司。实际上，现在索尼所做的一切的努力，我们发现其实在8年前三星公司都做过。那么，我们现在谈到三星为什么成功的时候，我们只得出一个结论，就是它不仅仅抓住了机会，而且它完成了对自己成功的超越。

而从这个角度我们再来看索尼的时候，我认为现在其实索尼最大的问题就在于两点：第一，要有足够的勇气，也就是像李健熙先生讲的那样，除了老婆孩子都得变，索尼公司有这样的勇气吗？第二，要在方向定了以后，比任何一个公司都关心它的消费者。

在这一点上，我其实特别想提醒索尼公司注意，索尼公司在过去是很多中国公司学习的榜样。但是，目前的现实是，现在大部分的中国公司都把韩国的三星或者把美国、欧洲的公司作为榜样，这个我认为是非常能够说明问题的。”

这番话我相信他没有听进去，从他对我的挑战性的回答中可以看出，他仍然在找原因。但市场不相信眼泪，几个月后，传来出井伸之下台的消息。

我觉得哪怕是世界一流的企业家，如果不能把结果放到一个至高无上的地位，勇于把结果作为检验自己成败的一个重要标准，那么谁能相信你能够把企业带向成功？以2003年的数据为例，索尼收入是613亿美元，三星电子476亿美元，但三星电子的利润是57亿美元，而索尼公司的净利润不到10亿美元。

这种现实说明什么？在没有执行之前，我们当然要做科学的决策，我们也不会完全以成败来作为决策的依据。但一旦决策之后，执行要的就是结果，一个差的结果比没有结果强，一个好的结果比差的结果强。

衡量我们执行结果的，是结果而不是理由！无论多么动听的理由，都不可能改变执行的结果！

决心第一，成败第二。

速度第一，完美第二。

结果第一，理由第二。

此三句乃对战之时的全套应敌之法！包括战前的心理调整、战时的应对方法、战后的态度问题。运用此法便可在战斗之时发挥十成的功力，攻击有效、防守稳健；不骄不躁，有条不紊！而其最大的优势更是在于对于战斗的认识和理解，能够帮助修炼者在每次战斗时获得最大的进步，学习更多的经验。此三句为执行应用之法。

48 字真经：一箭洞穿执行力

真正有效的管理，是用组织、制度或文化来实现执行，通过一套组织、程序来约束越轨行为，用文化（比如客户第一）从内在改变观念。

大道无术：打造“结果提前、认真第一”的执行文化

我曾经读到过这么一个故事，这个故事讲的是在一片美丽乡间景色的房间里，墙上装有三面镜子。

第一面镜子，表面凹凸不平，且有污点，看起来很脏；

第二面镜子，清洁精巧并装有美丽雕刻的镜框；

第三面镜子，既没框子也没有装饰，只是一面洁净清楚的镜子。

当面对第一面镜子时，我们看到了什么？回答是：“一面不干净的镜子。”第二面镜子呢？回答是：“看到了一面美丽的镜子。”第三面镜子呢？回答是：“看到一片美丽的景色。”

我觉得这个故事讲出了执行的真谛：真正的执行就应该如这第三面镜子——人们看到的是结果：从镜子中看到的是美丽风景，而不是表现自己（美丽雕刻的镜框）作为镜子的特色。

但执行的难度也正在这儿，在所有的集体活动中，人的本性始终绕不过一个永恒的坎儿：以自我为中心。每个人都要在照出美丽景色的同时，告诉别人“这是我照出的，而不是别人照出的”。可一旦以“自我为中心”，客户或结果就可能会放置到第二位或第三位。

所以，真正有效的管理是用组织、制度或文化来实现执行，通过一套组织、程序来约束越轨行为，或者用文化（比如客户第一）从内在改变观念。

在既定的战略方向下，锁定目标、简单重复是职业化的基本历程。所谓的职业化就是在商业行为中始终坚守基本的商业规则与商业道德，以公司利益和目标而不是个人的好恶作为自己行动的准绳。所以，职业化中的执行讲的是“认真第一，聪明第二”。

然而，拥有“强烈自我”的个人在大多数情况下是“聪明第一，认真第二”，特别是在企业的领导人表现出“极度聪明”的时候。这种时候企业表现出来的不一定是业绩的问题，而是企业制度性能力的缺乏。我觉得这可能就是大部分中国企业在“执行”问题上的真相：因为企业家执行能力太高，反而导致企业执行能力太低。

48 字执行真经

什么是执行文化？执行文化最基本的内核是什么？我们在这里强调 8 个字：认真第一，聪明第二。这里强调的显然是不要过分信赖个人的“聪明”和“才智”，而是要依靠制度和全体员工的认真。这同时也意味着，大凡伟大的公司，文化必定是单一的，而凡是平庸的公司，都有各色花样的“上司文化”、“部门文化”。

什么是执行的方针？在这里我们总结了16个字：结果提前，自我退后；锁定目标，专注重复。在执行的时候，要将客户利益和公司利益放在第一位，将自我隐藏在程序与流程之后，围绕目标培养员工职业化精神，由此，才能保证执行的效果。

执行的关键在于流程保障。决心第一，成败第二；速度第一，完美第二；结果第一，理由第二。这24字战略其实是执行流程中把握的三个要点。

首先是事前，要把握什么？在开始执行前，需要把握的要点是决心第一，成败第二。对已经决定了的任何事，信心是第一位的，对风险的估计应当是在决策前，一旦决定了，讨论成败就是借口。

其次是事中，要把握什么？在执行进行的过程中，需要把握的要点是速度第一，完美第二。我们在执行中常常有这种现象，曾经为得不到100而放弃，结果却是零，若干成功经验和挫折告诉我们：0.1 > 0。

最后是事后，要把握什么？在执行结束之后，需要把握的要点是结果第一，理由第二。责任是通过对行动结果的奖罚建立起来的，我们要建立起一种对事不对人的执行机制——重要的不是去讨论失败理由，而是针对结果建立起责任与权力对称。

Results,

行动手册

please!

请注意：

《请给我结果》是一本练就企业与个人高效能的执行手册，因此，如果你不愿付诸行动，而只是把本书背得滚瓜烂熟，抱歉，对你来说，它毫无价值！

阅读《请给我结果》只需花一周的时间，但是它需要你在整个职业生涯进行对照练习。

在阅读的一周内，每天阅读一章，每天花两个小时，对照《请给我结果》以及《行动手册》的内容，了解修炼高执行力的条件和方法。随身携带一支笔和一个记事本，如果可能的话，带上可以随时录音和回放的录音笔或者音乐播放器（MP3），让它们在阅读的每一个环节中尽力发挥效用。

第一遍，快速浏览本章内容，在触动自己的内容下面画线，无论它们是令你振奋的宣言，还是让你惊呼“我怎么没想到”的好办法。每个人的实际情况有所不同，因此，每章内容触动你的部分和篇幅也会大有不同。但是记住，尽可能多地捕捉让你振奋的内容，因为这是一本经受了上千家企业检验的“结果导向指南”，你可以信赖它，让它发掘你在执行力方面的细微问题，并提供解决的思维和方案。因此，在结束第一遍阅读之后，再快速浏览一遍，以发现那些在初次浏览中遗漏掉的精彩内容。

第二遍，阅读时请聚焦画线的内容。请逐字逐句地阅读这些词句，你的选择证明这些词句对你来说具有重要的意义，它们能提醒你，或者你在这方面有所缺失，或者你未对其产生重视。书中内容将让你发现，那些具有强大执行力的人们在同样的境况下采取了怎样的方法，实现了怎样的结果；也让你得以关照他们的心态，了解他们为什么会有这样的动机，他们采取行动的源头思维是怎样的。这一点很重要，因为不了解他们的心态，你的行动只能成为东施效颦。也许你偶尔也能实现同样的结果，但是却忽略了心态与结果之间的客观规律。而尊重规律是一切执行力的前提。

第三遍，大声诵读书中的词句，反复大声诵读，并将自己的声音录进MP3和录音笔中，这不仅将在你的大脑中刻下实现强大执行力的秘诀，还能使你在无法看书诵读的时候（例如下班回家的地铁上）用反复回放的方式加深书中重点语句的印象。不仅如此，回放是一种不错的自我暗示的方式，书中众多语句都用来解释如何练就高执行力的惯常心态，每一次回放都相当于你再次对自己强调这些不应忘却的内容，以确保你不光完全领略了书中的要义，并且努力将其变为你日后的行动准则。

第四遍，参照每一章的《行动手册》，对自己复述书中的重点词句和具有启示意义的故事。本书的重点因人而异，因而挑选出的语句和故事也许对某些读者而言并不是具有最大意义的。但是，这些精心遴选出来供大家大声诵读的语句和案例集合了全书的精华，能够保证在最广泛的意义上实现本书的最大传播价值。更重要的是，每一章《行动手册》中的第三项为读者提供了检测自己当日行动与书中原则相符程度的方法。这也是编纂《行动手册》的最大意义与原因所在。《行动手册》将帮助每一位读者监督并检测自己每日的执行力水准，不厌其烦地叮嘱你向着练就强大执行力的目标前行。因为如果没有外在监督机制，你往往最终会不了了之，事实上，这也是书中反复提倡的准则之一。

第五遍，每天，在开始新的一章之前，花半个小时复习并检查前一章的内容。你可以选择大声诵读或者原音重现的方式。目标只有一个：请展示你练习的结果。在每一天结束之前，参照《行动手册》中每一章的习题，检查自己今天的行为是否符合书中的要求。但这一遍要求更高，如果你对自己的严苛程度也和我们一样，那么请每天对照全部七章的《行动手册》进行练习，而不只是其中的一章。《行动手册》无法为你规定这个练习的截止日期，因为你才是决定一切的人。熟读本书也不是检验的标准。让你的上司、老板和客户的反应给你暗示吧。请相信，《行动手册》的每一个练习会让你上瘾的！

第一章　不要任务，要结果

第一项：今天我是否大声诵读了以下句子：

○ 对结果负责，是对我们工作的价值负责；而对任务负责，是对工作的程序负责，完成任务不等于结果。

○ 员工的底线是提供结果。我既然拿了公司的工资，就应该提供相应的价值。如何辛苦并不重要，提供了什么价值才最重要。

○ 使我们痛苦的，必使我们强大。对结果负责，对自我负责，等待我的将是成功。

○ 速效而成的大多是小器，要成大器，就要耐得住寂寞。所以人生的结果怎样，价值如何，与其他人无关，而是由你自己决定。

第二项：今天，我是否对自己复述了以下故事：

○ 小和尚撞钟虽然准时，但是他的钟声无法唤醒沉迷的众生。他只是完成了任务，却没能给出结果。

○ 充气不足的热气球上，最应该被扔下的人是体重最重的人，而不是对社会贡献最小的人。因为“减重活命”是此时的底线。

○ 三星公司能成为全球高端笔记本最大的生产商之一，源于最初他们在面对索尼公司的笔记本电脑时，按照比索尼产品“薄至少 1 厘米”的高标准发起的 8 次不懈冲击。

○ 27 岁才开始学四书五经的苏洵最终成为通晓六经百家的文学大家，因为成功是由每一天的结果积累而成的，要成大器，结果积累的时间就要够长。

第三项：结束一天的工作时，我是否参照书中的语句检查了自己的行为。

○ 写下“今天，我完成的 __________ 是任务，而 __________ 才是结果，通过这些结果，我实现了自己作为员工的价值”，大声朗读你的答案。

○ 写下“今天，__________ 令我痛苦，但是它同时也令我强大”，大声朗读你的答案。

○ 写下“今天，我遇到了 __________ 困难，但我克服了它，等着看我的成果吧”，大声朗读你的答案。

第二章　心态决定行动

第一项：今天我是否大声诵读了以下句子：

○ 心态创造行动，行动创造结果。如果我们想要一个满意的结果，首先就要树立一种能激发行动的心态。

○ 普通人与成功者的区别是，普通人在结果面前只是“想要”，成功者是“一定要”，无论付出多大代价，都要达到目标。

○ 在执行的意义上，学问不是第一位的，实践才是第一位的，而且，不要找最好的方法，而要找最快的立竿见影的方法。

第二项：今天，我是否对自己复述了以下故事：

○ 复印机业的领军企业施乐公司竟然败给了后起之秀——佳能公司，原因在于施乐输了心态。没有适应市场变化的心态，就没有把握市场的行动，也就没有占领市场的结果。

○ 史泰龙之所以能从一个穷困潦倒的无名之辈成长为一代国际巨星，因为他经历了1 855次严酷的拒绝和冷嘲热讽之后也不放弃，最终才迎来了第一个从影机会。

○ 美国人罗伯特怀揣80美元环游世界，实现了不可能实现的计划，靠的是与他人的协作，借力打力，从而实现奇迹。

第三项：结束一天的工作时，我是否参照书中的语句检查了自己的行为。

○ 写下“今天，我为企业创造了________价值，为客户创造了________价值，不是因为公司和客户怎么对我，而是因为我作为一个职业人士的原则”，大声朗读你的答案。

○ 写下“今天，我锁定了________目标，瞄准了________成果，对于这个成果，我不是‘想要’，而是‘一定要’”，大声朗读你的答案。

○ 写下“今天，我实现了 ________ 思维，我先动身完成了 ________，因为这是迈向结果的第一步”，大声朗读你的答案。

第三章　行动决定结果

第一项：今天我是否大声诵读了以下句子：

○ 我们靠结果生存。没有结果，意味着我们将重新回到起点，一切都要从零开始。只有抓住结果，才能实现我们的预期。

○ 执行就是结果，一个差的结果也比没有结果强。不要犹豫，立即行动，速度制胜。

○ 解决问题时，先从解决最紧迫、最重要的事情开始。记住，重点只有一个。

○ 我们放弃，是因为我们给了自己放弃和失败的理由。但我们不能靠理由生存，我们只能靠结果生存。

第二项：今天，我是否对自己复述了以下故事：

○ 冈索勒斯意识到苦思冥想无法实现他的梦想，于是他请求在慈善晚会上发表演讲，最终赢得了创办伊利诺伊理工学院的 100 万美元。

○ 玻璃瓶中的苍蝇不停地“横冲直撞”，不到两分钟就找到了出口；而蜜蜂不紧不慢地在瓶底徘徊，最后力气用光或者饿死。

○ 戴尔在大学和公司之间选择了后者，因为他明白创业是他当时的人生重点。他的及时退学成就了创业史上的奇迹。

○ 穷人给自己各种理由，将富人送给他的一头耕牛卖掉换成羊、换成鸡、换成酒，最后一切化为乌有。他浪费了所有的赚钱机会。

第三项：结束一天的工作时，我是否参照书中的语句检查了我的行为。

○ 写下“今天，我没有浪费过多时间在思考 ________ 上，而是迅速行动，实现了 ________ 的结果”，大声朗读你的答案。

○ 写下“今天，我的工作重点是 ________，于是我放弃了做 ________，实现了我想要的结果”，大声朗读你的答案。

○ 写下“今天，________ 计划已经启动，达到了 0.1 的状态。我改变了零的状态，今后我要坚持在工作中实现 0.1>0 的原则”，大声朗读你的答案。

○ 写下“今天，我发现自己在 ________ 时，找了 ________ 的借口，我要把这些借口都找出来，并且杜绝它们再次出现”，大声朗读你的答案。

第四章　如何建立一个强大的中层

第一项：今天我是否大声诵读了以下句子：

○ 中层的首要问题就是找准位置。从一个员工做到中层，最大的变化就是从对自己负责的乘客变成对全车人负责的司机。

○ 如果没有“心态归零”的精神，无论你有多大的本事，都不能为企业实际创造价值。

○ 在成功者的字典里，永远没有“最好”，只有“更好”。

第二项：今天，我是否对自己复述了书中的以下故事：

○ 松下幸之助告诉中尾，作为研究部长，中尾的职责是培养出 10 个，甚至 100 个像他那样擅长研究的人，而不是自己去做 10 个人甚至 100 个人的工作。

○ 中国的程序员往往看到“1”、“2”就想到“10”，于是觉得不需要去做“3、4、5、6、7、8、9”的事情，这是为什么有人说“中国人做不了大软件”的原因。

○ 戴尔没有 IBM 那么悠久的历史，也没有惠普那么多优秀的科学家和优秀的技术能力，但是戴尔可以做到比别人更快、更凶、更狠，因此戴尔连续三年都占据了全球销量第一。

第三项：结束一天的工作时，我是否参照书中的语句检查了我的行为。

○ 写下“今天，作为一个中层，我的心态不再是普通员工的 ________ 心态，而转变成了 __________ 心态”，大声朗读你的答案。

○ 写下“今天，我为客户和同事提供了 _________ 的结果。这是一种‘心态归零’的精神，有了它才能为企业创造价值”，大声朗读你的答案。

○ 写下“今天，我不再把 ________ 和 ________ 作为工作的借口，而是坚持从 ________ 出发，从 ________ 出发，坚持我‘能做’的，才是我‘想做’的；我‘能做’的，才是我‘可做’的”，大声朗读你的答案。

第五章 锁定责任，才能锁定结果

第一项：今天我是否大声诵读了以下句子：

○ 始终锁定你肩上的责任。凡是有计划的就一定要有结果，哪怕是阶段性的结果。

○ 下属占用我的时间越多，我的时间就越少；我的时间越少，我对组织的贡献就越小。

○ 永远做重要而不紧急的事情，才能在有限的时间里做更多有效的事。

○ 每个人都要照料好自己的猴子，而且要清楚地知道我的猴子是从哪里来的。

○ 授权不存在授多少权的问题，只存在我能监督多少的问题。我的监督办法越多，我就可以多授权。

第二项：今天，我是否对自己复述了书中的以下故事：

○ 海尔冰箱厂的材料库里每块玻璃上都贴着小条，规定擦玻璃的责任人和检查的责任人，保证责任明确到人，不发生猴子上蹿下跳的现象。

○ 效率研究专家艾伊贝给美国史卡鲁钢铁公司的总裁查鲁斯一个价值 2.5 万美元的时间管理秘诀：永远做重要而不紧急的事。

○ 查理·贝尔之所以能从清洁工人成长为麦当劳全球 CEO，原因在于当他还在打扫厕所时，麦当劳澳大利亚公司领导者彼得·里奇的一句话——“清洁是麦当劳的四大经营方针之一，你在从事的是麦当劳最伟大的工作。”

○ 沃尔玛的CEO沃尔顿的管理风格被称为“让人精疲力竭的管理”和“仔细检查式的管理”，这种对员工的突击检查方式保证了他们完成工作的高质量和高效率。

第三项：结束一天的工作时，我是否参照书中的语句检查了我的行为。

○ 写下“今天，我保证了在我的权责范围之内，责任的猴子________。每一个员工都________了责任，每个人都看管好自己的猴子”，大声朗读你的答案。

○ 写下“今天，在我的权责范围内，我争取获得了尽可能多的________，于是我能够把主要精力花在关注________上，而不是________上”，大声朗读你的答案。

○ 写下“今天，我在________个象限内花的时间最多，我把大量时间都花在了________上，今后我要把大部分时间都花在________上”，大声朗读你的答案。

○ 写下“今天，我与上级沟通了________的权责归属，明确了我的职责是什么；我与下级沟通了________的权责归属，让他（她）明白了他（她）的职责的意义是什么”，大声朗读你的答案。

○ 写下“今天，我对________授予________的权责，并且向他（她）告知________的监督方式。我明白，授权不存在授多少权的问题，而在于我能够监督多少的问题”，大声朗读你的答案。

第六章　失败执行力：如何从失败中获得成功

第一项：今天我是否大声诵读了以下句子：

○ 为了成功我们就应该从心底接受“失败是成功之母”的观念，要获得成功，就必须有“拥抱失败”的信念。

○ 人生好比打牌，我们不可能处处都能得到好牌，我们能做的就是将手里的牌精心打出去。只要我们尽心尽力去打，差牌未必就能输。

○ 当面对痛苦和失败的时候，不妨向更高的困难和失败迈进，体验失败在自己身上慢慢建立起的免疫能力。

○ 有时候，短暂的失败是自然规律起作用的结果。所以，我们消灭了失败，也就消灭了成功的可能性。

○ 悲观消极，怨天尤人的人，成就不了什么气候。决然前行，努力追寻，何必多虑。

第二项：今天，我是否对自己复述了书中的以下故事：

○ 小孩子学走路的时候，无论摔得有多疼，他们爬起来就走，从来不总结摔跤的原因，这是他们成长与快乐的秘诀。

○ 在大多数人眼中，在火车上做化学实验导致车厢起火的爱迪生是纵火犯；但是在妈妈的眼中，爱迪生是一个有着创造天性的孩子。这是爱迪生最终得以成为“发明大王”的原因。

○ 钢琴教授在学生每一次学会乐谱之后，会给他（她）一份更难的曲谱。等到学生习惯了之后，再练习原来的曲谱，会觉得非常简单。

○ 艾柯卡拒绝让犯了错误的项目经理离职，他认为，巨额的损失是一笔巨大的学费，为失败付出的教训就是为成功支付的学费，他想让学费物有所值。

○ 乔丹从来不关心输掉一场大赛会有什么后果，因为他知道，当他开始顾及后果时，他会想到消极悲观的一面，而他只想乐观积极地去思考，从失败中积攒动力。

第三项：结束一天的工作时，我是否参照书中的语句检查了我的行为。

○ 写下“今天，我 ____________，我没有考虑它可能会失败，也没有考虑失败的后果，因为真正让我们停止进步的不是失败，而是 ____________”，大声朗读你的答案。

○ 写下“今天，我 __________，但是我并没有把它当作失败，而是看作 _________。因为我明白：左眼看到的是 __________，右眼看到的是 _________ ，失败是我获得勇气的途径”，大声朗读你的答案。

○ 写下“今天，____________ 时我觉得自己很倒霉，但同时我又‘痛并快乐着’，因为我决定要善待失败。一旦失败成了我的朋友，成功离我也就不远了”，大声朗读你的答案。

○ 写下“今天，我遵守了 ___________ 的规律和原则，却被领导批评了。但是我知道，一切成功与失败都在于是否尊重规律。因此，我尊重了规律，输了也是赢”，大声朗读你的答案。

○ 写下“今天，我在面对 _________ 的时候，想到了 _________ 的办法，于是我艰难地解决了 __________ 的问题。我明白，这种艰辛是我必须付出的，上天对谁都是公平的，成功的机会一定是均等的”，大声朗读你的答案。

第七章　真正的执行：48字执行真经

第一项：今天我是否大声诵读了以下句子：

○ 有执行力的人在内心建立了一个信念，世上的事只有认认真真、踏踏实实地做，才可能换来成功。

○ 要获得“客户价值”，就要让结果提前，使自我退后；必须抛弃以自我为中心，而以结果为中心。

○ 我们之所以做得更好，不是因为我们比别人聪明多少，而是我们比别人更用功，比别人更专注于一点。

○ 如果不想做事的话，任何人都可以找出一百个，甚至一万个理由出来不做它。这个时候只有一个念头可以发生作用，那就是“我想做”。

○ 一旦开始执行，速度是第一位的，完美是第二位的。战场上兵戎相见，商场上斗智斗勇，谁先出手，谁就多了获胜的砝码。

○ 结果第一，理由第二。执行的本质在于抓住结果，实现预期结果。没有结果，一切理由都不存在。

○ 真正有效的管理，是用管理、制度或者文化来实现执行。通过一套组织、程序来约束越轨行为，用文化从内在改变观念。

第二项：今天，我是否对自己复述了书中的以下故事：

○“小鲁班”粗制滥造的房子最后竟然是老板给自己的退休礼物，他动的“聪明”小脑筋最终酿就了苦果。

○ 摩托罗拉的铱星计划最终背负40亿美元的债务宣告破产，原因在于摩托罗拉内部以技术为中心的工程师导向开始抬头，这使他们过于强调技术的先进性，而忽略了手机用户的需求。

○ 莫泊桑开始学习写作时，老师让他专注于描写一位车夫，将该车夫和其他车夫的不同描述出来。专注重复的理念造就了后来蜚声文坛的莫泊桑。

○ 乔伊·尼古拉从一张堆满灰尘的桌子和一个电话本开始，创造了一年推销1 425辆汽车的吉尼斯世界纪录，这源于他的决心——“不能有‘以后再做’的事情发生”！

○ 卡莉·菲奥莉娜在接手惠普时，提出速度逻辑——先开枪，后瞄准。不追求每件产品都达到95分以上才出手，要在产品做到80分就推出，以此跟上瞬息变化的市场的速度。

○“二战”时被派往德国去做间谍的一队美国士兵在一个月内就学会了足以乱真的德语，原因在于他们一心一意只想得到结果——学会德语，而不去浪费时间在学习的方式和理由。

○ 简单清楚的镜子才能使人们直接看到美丽的风景，而装裱精致的镜子只能让人们关注到它本身的美丽。镜子的功能是照出其他物体，而不是表现自己。

第三项：结束一天的工作时，我是否参照书中的语句检查了我的行为。

○ 写下“今天，我在 ________ 时不再耍小聪明，而是 ________ 地去做，因为我知道，踏踏实实，认真做事的人才可能获得最大的成功”，大声朗读你的答案。

○ 写下“今天，在 ________ 时，我想到的是 ________，而不是我自己。因为我想让大家看见我的结果，而不是我本人有多了不起。我要让结果提前，自我退后”，大声朗读你的答案。

○ 写下“今天，我又一次完成了 ________，我曾经以为自己已经学会了这件事，它没有什么继续钻研的价值，但是今天我发现 ________。我要记住，专注重复才能造就成功”，大声朗读你的答案。

○ 写下“今天，我在 ________ 时犹豫不决，因为我不想做这件事，所以找了 ________ 的借口。但最终，我还是下定决心一定要完成它，因为决心产生信心，不是我做不了，只是我不想做”，大声朗读你的答案。

○ 写下“今天，我在 ________ 时遵照了‘先开枪，后瞄准’的原则，我抢在 ________ 前面一步完成了 ________，这让公司在 ________ 方面领先市场”，大声朗读你的答案。

○ 写下“今天，我在做每一件事情时都遵循了 ________ 的执行方针，它让我把客户利益和公司利益放在第一位，实现了 ________ 第一，________ 第二”，大声朗读你的答案。

我们再次重申，没有你的思考与亲身实践，本书毫无价值。